普通高等教育"十二五"规划教材

"管理应用型财会专业人才培养"新形态系列教材

计算机辅助审计

主　编　刘　杰

副主编　唐文杰　黄　力

科学出版社

北　京

内 容 简 介

　　本书是计算机辅助审计的入门教材,以面向数据的计算机辅助审计为主线,阐述计算机辅助审计概论和基础(第一和第二章)、面向数据的计算机辅助审计流程和技术方法(第三～第五章)、Microsoft Excel 在审计数据分析中的应用(第六章)、Microsoft Access 在审计数据分析中的应用(第七章)和计算机辅助审计工作环境建设(第八章)。本书紧扣计算机辅助审计理论与实务的最新发展,将面向数据的计算机辅助审计贯穿审计的全过程,体现了内容的先进性;紧密结合计算机辅助审计实务,注重培养对计算机辅助技术的应用能力;每章均有实验项目,培养读者分析和解决实际问题的能力,体现了本书的应用性。

　　本书可作为审计学专业计算机辅助审计或计算机审计课程的教材,同时对从事社会审计、内部审计和政府审计工作的审计人员以及对计算机辅助审计或计算机审计感兴趣的其他人员有参考价值。不同教学层次使用本书时可根据讲授需要灵活取舍有关章节。

图书在版编目(CIP)数据

计算机辅助审计/刘杰主编. —北京:科学出版社,2018.1

普通高等教育"十二五"规划教材　"管理应用型财会专业人才培养"新形态系列教材

ISBN 978-7-03-053555-9

Ⅰ. ①计… Ⅱ. ①刘… Ⅲ. ①计算机审计–高等学校–教材 Ⅳ. ①F239.1

中国版本图书馆 CIP 数据核字(2017)第 131956 号

责任编辑:兰　鹏/责任校对:彭珍珍
责任印制:霍　兵/封面设计:蓝正设计

科学出版社 出版
北京东黄城根北街 16 号
邮政编码:100717
http://www.sciencep.com

文林印务有限公司 印刷
科学出版社发行　各地新华书店经销
*
2018 年 1 月第　一　版　开本:787×1092　1/16
2019 年 1 月第二次印刷　印张:14 1/4
字数:338 000

定价:**42.00** 元
(如有印装质量问题,我社负责调换)

编 委 会

序

以信息技术、纳米技术、基因技术和新能源技术等为核心的高科技革命正在推动人类进入一个新的文明时代。在信息时代转变到智能时代的过程中,大数据与机器智能又在改变传统的商业模式。与此同时,信息技术作为中国审计发展的助推器,正在快速推进我国各项审计工作的深入开展。2014 年,《国务院关于加强审计工作的意见》中,要求审计工作要创新电子审计技术,提高审计工作的能力、质量和效率,并增加了对各部门、单位计算机信息系统安全性、可靠性和经济性进行审计的全新审计项目。2016 年,中华人民共和国审计署(以下简称审计署)发布的《"十三五"国家审计工作发展规划》中提出,"要加大数据集中力度,完善国家审计数据中心,形成全国统一的审计信息系统。加大数据分析力度,拓展大数据技术运用,大幅提高运用信息化技术发现问题、评价判断、宏观分析的能力,形成'国家审计云'"。同年,中国内部审计协会评选出内部审计信息化85 篇优秀成果;翌年,中国注册会计师协会开展"全国会计领军(后备)人才注册会计师类(信息化方向)"的选拔……我国的审计信息化工作正紧锣密鼓地展开。

作为审计模式变革不可或缺的方法与技术,计算机辅助审计彻底改变了传统的审计模式,是审计活动的驱动者和协进者。借助大数据与云计算,计算机辅助审计变革了审计取证方式,丰富了数据式审计的内容,使数据式审计更加贴近审计活动的需要。计算机辅助审计,不仅需要政府的推动和引导,也需要广大教育工作者的广泛参与。正是基于这一思路,刘杰博士带领的教材编写团队以当前审计署倡导的数据式审计,即面向数据的计算机辅助审计为主线,完成《计算机辅助审计》教材的编写,为高等院校本科生、研究生学习计算机辅助审计技术和计算机辅助审计取证方式提供帮助。

该教材是作者多年从事计算机辅助审计教学和实践工作的积累。教材有如下几方面的特点。一是内容新颖全面。该教材以面向数据的计算机辅助审计技术和计算机辅助审计流程为主线,将计算机辅助审计流程划分为审计平台构建、审计数据分析、审计数据报告撰写和审计延伸取证等四个阶段,读者可更为系统地了解面向数据的计算机辅助审计的整体流程。二是便于教师教学和学生学习。该教材以案例为基础加以编排,各章后都附有复习思考题和实验项目,从而保证了教材能取得更好的教学效果,帮助学生提高综合分析问题和解决问题的能力。三是突出适用性。该教材立足于当前的审计实践,同时考虑到注册会计师审计和政府审计等需求,在讲授如何运用 T-SQL(transact structured query language)分析数据的同时,注重对国内外审计师广泛应用的 Microsoft Excel 技术加以编写。四是注重学生综合素质和创新能力的培养。该教材追踪国外计算机辅助审计的新思想和新技术,紧密结合我国当前的审计需求,脚踏实地,力图培养学生学以致用的能力,不断提升自身的综合素质和创新能力。

　　总之,该教材综合近年中外计算机辅助审计的新技术,贴近我国审计实务的需求,是一部具有较高应用价值的计算机辅助审计教科书。为此,我谨向广大高校教师和学生推荐该教材,希望该教材能得到读者的喜爱,并为我国未来的审计教学做一点贡献。

　　　　　　　　　　　　　　　厦门大学教授、博士生导师　庄明来

　　　　　　　　　　　　　　　2017 年 7 月

前　言

　　美国证券交易委员会前主席亚瑟·利维特在 1999 年的一次演讲中这样描述："今天，竞争、技术和全球化的力量势不可挡地汇集在一起，激发出伟大的创造，释放出全新的理念，燃起了一个信念，那就是人类的潜在能力是无穷的。每天，我们都能看到新概念、新发明、新规则在不可思议地重塑我们的世界。"信息技术正在改变市场的结构，也改变着市场产品的生命周期，它正在不断重新调整生产和配送模式，也在不断引起组织结构和人们工作方式的重大改变。诚如 McGowan 在 1985 年预言，为信息时代做好准备，并保持竞争力是我们这个时代唯一最重要的管理挑战。时隔 30 多年，事实证明了 McGowan 这一预言，信息技术仍不断重新定义这个商业世界。今天，审计实务工作面临的挑战是，大数据时代的审计工作量已经远远超出审计人员所能承受的范围。为了提高审计工作的效率和效果，应给审计取证模式赋予新的内容。

　　在这一背景下，审计学专业的学生在学习传统审计种种沿革的同时，更需要获得信息时代审计人员应具备的知识和技能。他们不仅需要熟悉手工时代的审计实务工作，还需要掌握大数据时代下的审计实务工作如何开展。鉴于此，我们借鉴审计署数据式审计的模式编写了这本面向高等院校审计专业本科学生的计算机辅助审计教材。

　　本书的目的是向那些跨入大数据时代的专业审计人员介绍一种原理，使他们能够学习、适应甚至领导审计方式变革，学习如何将计算机辅助审计技术应用于审计实务工作。计算机辅助审计是一门跨学科的课程，又是一门专业理论、方法、实践都很强的课程，因此，本书的写作难度相当大。本书在借鉴当前计算机审计教材或计算机辅助审计教材的基础上，融合各位审计前辈的思想与观点编写而成。经过教材编写组的考虑，本书的内容结构安排如下。

　　第一章讲解计算机辅助审计的相关理论，重点讲解计算机辅助审计的概念、特征及过程；第二章讲解计算机辅助审计的基础，重点介绍 T-SQL 的运用；第三章讲解计算机辅助审计的审前调查与审计数据采集，并结合具体案例介绍审计数据的采集；第四章讲解审计数据质量和审计中间表的创建，并结合具体案例介绍审计信息系统的构建；第五至第七章是本书的重点章节，第五章主要结合 T-SQL 介绍审计数据分析方法的运用，第六章讲解 Microsoft Excel 在审计数据分析中的运用，第七章讲解 Microsoft Access 在审计数据分析工作中的应用；第八章讲解计算机辅助审计工作环境构建，重点讲解现场网络审计工作环境的构建。

本书有如下特点。首先，本书系统讲解计算机辅助审计的流程，认为计算机辅助审计流程应当包括审计平台构建、审计数据分析、审计报告撰写和审计延伸取证四个阶段。本书以审计流程为主线编写，读者可以系统了解计算机辅助审计的整体流程。其次，本书内容丰富，每章的讲解都结合大量的案例，有利于教师讲解计算机辅助审计课程，也有利于学生自主学习这门课程。再次，本书的写作方法先从讲解概念着手，适当加入案例，以加深对概念的理解。最后，考虑到当前会计师事务所计算机辅助审计的现状，本书也讲解审计实务工作中如何应用 Microsoft Excel 功能。

本书由贵州财经大学会计学院的刘杰博士担任主编，负责全书提纲编写，并完成第一至第五章的编写，贵州财经大学会计学院的唐文杰老师完成第六章和第七章的编写，贵州财经大学会计学院的黄力老师完成第八章的编写。

在本书的编写过程中，参考和吸收了不少国内学者的相关研究成果，未能一一注明，在此表示感谢。特别感谢科学出版社对本书出版所做的努力。对本书有任何建议，以及需要查询课程的课件和相关数据等资料，请致信以下电子邮箱：ajieswufe@163.com。

刘　杰

2017 年 7 月于贵州财经大学

目　录

计算机辅助审计概论

➤学习目标

通过本章的学习，应当了解并掌握：

（1）审计取证模式的发展历程。

（2）计算机辅助审计的概念与特征。

（3）计算机辅助审计过程。

（4）计算机辅助审计执行准则。

（5）信息系统审计准则。

信息技术（information technology，IT）正在改变市场的结构，也改变着市场产品的生命周期，它正在不断重新调整生产和配送模式，也在不断引起组织结构和人们工作方式的重大改变。随着数字化、信息化、网络化的飞速发展和大数据时代的到来，审计环境与审计客体发生了深刻的变化，传统的审计方式受到了严峻的挑战。今天，审计实务工作面临的挑战是，大数据时代的审计工作量已经远远超出审计人员所能承受的范围。为了提高审计工作的效率和效果，审计取证模式应赋予新的内容，计算机辅助审计也应运而生。

第一节 审计取证模式发展历程

审计模式是审计导向性目标、范围和方法等要素的组合，它规定了如何分配审计资源、控制审计风险、规划审计程序、收集审计证据、形成审计结论等问题。审计环境的不断变化和审计理论水平的不断提高，促进了审计模式和方法的不断发展与完善。不同的审计模式带来了不同的审计取证模式（刘汝焯等，2012）。审计取证模式的演进经历了账项导向审计取证模式、内控导向审计取证模式、风险导向审计取证模式和计算机辅助审计取证模式四个阶段。

一、账项导向审计取证模式

账项导向审计模式大致从 19 世纪中叶到 20 世纪 40 年代。最初的账项导向审计以查错防弊为主要目的，详细审查公司的全部账簿和凭证，即检查各项分录的有效性和准确性、账簿记录的加总和过账是否正确、总账和明细账是否一致。经过一段时间后，企业规模日渐增大,审计范围也不断扩大,审计人员已无法全面审查企业的会计账目,客观上要求改变原有的审计模式。注册会计师审计开始转向以账务报告为基础进行抽查,审计方式由顺查法改为逆查法,即先审查资产负债表的有关项目,再有针对性地抽取凭证进行详细检查。在此阶段,抽查的数量仍然很大,但由于采取判断抽样为主的方式,审计人员仍难以有效揭示企业账务报告中可能存在的重大错弊。

账项导向审计阶段将反映经济业务的会计账簿作为取证工作的切入点,在规划和实施审计时,审计人员将工作重心直接放在会计账簿上。账项导向审计起源最早,是最传统的取证模式之一。

二、内控导向审计取证模式

20世纪40年代以后,随着经济的发展,财务报表的外部使用者越来越关注企业的经营管理活动,日益希望审计人员全面了解企业的内部控制情况,审计目标逐渐从查错防弊发展到对财务报表发表审计意见。经过长期的审计实践,审计人员也发现内部控制制度与财务信息质量具有很大的相关性。如果内部控制制度健全有效,财务报表发生错误和舞弊的可能性就小,财务信息的质量就更有保证,审计测试范围也可以相应缩小;反之,就必须扩大审计测试范围,抽查更多的样本。为了顺应这种要求并提高审计工作效率,账项导向审计逐渐发展为内控导向审计,即通过了解和评价被审计单位的内部控制制度,评估审计风险,制订审计计划并确定审计实施的范围和重点,在此基础上进行实质性测试,获取充分、适当的审计证据,从而提出合理的审计意见。实施内控导向审计大大提高了审计工作的效率和质量,但客观上增加了审计风险。

账项基础取证模式向内控基础取证模式的发展是审计的一次变革。审计的切入点是内部控制制度,以内部控制制度的评审作为整个审计的基础。从审计的视野来看,内控基础的审计取证模式包括两个方面:一个是传统的账目;另一个则是内部控制制度。

三、风险导向审计取证模式

随着经济环境的变化,社会公众日益对审计人员赋予更高的期望,要求审计人员负更大的责任。20世纪70年代以来,审计诉讼案件有增无减,深入研究、防范和降低审计风险成为审计职业界的重要任务。为了合理地防范和降低审计风险并降低审计成本,注册会计师审计逐渐从内控导向审计发展到风险导向审计。在此阶段,审计人员在考虑审计风险时,不仅考虑会计系统和控制程序,还考虑控制环境。换句话说,风险导向审计既关注和评估企业内部的控制风险,又关注和评估企业经营所面临的外部风险。通过审计风险的量化和模型化,确定审计证据的数量,使审计风险的控制更加科学有效。风险导向审计是适应现代社会高风险的特征,为量化审计风险、减轻审计责任、提高审计效率和审计质量所做的一种尝试。风险导向审计的出现,有助于审计人员有效地控制审计风险,提高审计工作的效率和效果,因此越来越受到注册会计师的青睐,标志着注册会计师审计发展到了一个新阶段。

风险导向审计取证模式是在内控导向取证模式的基础上,在审计过程中引入风险分析和风险控制方法而形成的一种审计模式。切入点由内部控制制度一项变为内部控制制度和风险因素两个方向。因此，风险导向审计取证模式并没有完全脱离内控导向审计取证模式。

四、计算机辅助审计取证模式

审计事业是国家现代化事业的重要组成部分，是建设和谐社会的重要保证力量，是我国改革开放和社会主义经济建设的护卫。随着改革开放和社会主义经济建设事业的蓬勃发展，审计监督的地位和作用越来越重要。传统审计取证模式通过对账簿、报表等的检查来实现这一职责。但到了 20 世纪中叶，以查账为主要手段的审计职业遇到了来自信息技术的挑战。

20 世纪中叶以来，以计算机为代表的微电子技术以及光纤、空间技术、生物工程、海洋工程等新的技术群体的产生与发展，使得自然资源在经济发展中的作用和价值越来越弱，技术、知识、信息的作用和价值则越来越突出，其中信息技术正在成为促进经济发展和社会进步的主导技术，信息产业逐渐成为社会发展中的主导产业，信息社会正在形成。在当前环境下，金融、财政、海关、税务、民航、铁道、电力、石化等关系国计民生的重要部门开始广泛运用计算机、数据库、网络等现代信息技术进行管理，国家机关、企事业单位信息化趋向普及。审计对象的信息化客观上要求审计机关的取证模式必须及时做出相应的调整，要运用现代信息技术，全面检查被审计单位的经济活动，发挥审计监督的应有作用。因此，利用现代信息技术辅助审计工作的开展成为必然。而审计人员为了适应现在信息时代的需求，必须使用计算机辅助审计技术完成审计取证工作，以提高整体审计工作的效率和效果。

从审计发展的角度看，上述各种模式有产生的先后顺序；从技术角度看，各种模式也有传统与现代之分。但是，这并不意味着一种新模式产生之后，原有的模式就完全失去了存在的意义或者新模式只是唯一的选择。它们各有各的特点，在不同条件、不同领域都有一定的适用范围，审计人员可以根据目标导向、风险导向、资源条件等不同的分析角度和条件进行分析，选择最恰当的审计取证模式。例如，账项导向审计取证模式比较适用于错弊审计，即比较适用于单一合法审计目标；内控导向审计取证模式比较适用于年度财务报表审计，即比较适用于以真实性、公允性为首要目标的定期审计；风险导向审计取证模式则适用于高风险领域中的真实性、公允性财务报表审计；计算机辅助审计取证模式兼具上述优点。

■ 第二节　计算机辅助审计概念与特征

随着现代信息技术在审计领域的应用，审计理论界和实务界出现了一系列与计算机辅助审计相关的术语或概念。由于这一系列的术语较为相近，在审计理论界和实务界对这些概念的认识不是很清晰，例如，有的学者将计算机审计等同于计算机辅助审计，不能将账套式审计与数据式审计区别开来等。

一、计算机辅助审计的概念

西方发达国家从 20 世纪 60 年代后，逐渐发展起一门相应的学科和管理技术，虽然统称为计算机审计，可是包含两方面内容：一方面是指在信息技术环境下，审计人员利用计算机对被审计单位的经济活动进行审计，一般称为计算机辅助审计；另一方面是指审计人员对被审计单位的计算机信息系统进行审查并发表意见，一般称为信息系统审计。计算机辅助审计与计算机辅助制造（computer aided manufacturing，CAM）、计算机辅助设计（computer aided design，CAD）等概念一样，是指计算机在审计领域中的辅助应用。审计署在 1996 年颁布的《审计机关计算机辅助审计办法》中将计算机辅助审计理解为："计算机辅助审计，是指审计机关、审计人员将计算机作为辅助审计的工具，对被审计单位财政、财务收支及其计算机应用系统实施的审计。"同联网审计一样，计算机辅助审计是一种技术手段，是审计取证模式的一种创新，而不是审计内容的拓展。

计算机辅助审计是以被审计单位计算机信息系统和底层数据库原始数据为切入点，在对信息系统进行检查测评的基础上，通过对底层数据的采集、转换、清理、验证，形成审计中间表，并运用查询分析、多维分析、数据挖掘等多种技术和方法构建模型进行数据分析，发现趋势、异常和错误，把握总体、突出重点、精确延伸，从而收集审计证据，实现审计目标的审计方式（刘汝焯等，2012）。

二、计算机辅助审计的相关概念

1. 计算机审计

国内学术界关于计算机审计的概念有多种理解。第一种观点认为，计算机审计是将电子数据处理系统作为对象进行审计，称为电子数据处理（electronic data processing，EDP）审计，如在对 Poter 等（1987）合著的 *EDP: Controlls and Auditing*（第 5 版）翻译中，李大庆等（1990）就将其直接译为《计算机审计》；第二种观点认为，计算机审计是以会计信息系统为对象进行的审计，并称为会计信息系统审计；第三种观点认为，计算机审计是以电子计算机为技术手段所进行的审计。前两种观点仅仅强调计算机审计的对象是电子数据处理系统或会计信息系统，而忽略了审计人员所采用的工具或手段是计算机，抑或是人工；第三种观点则强调计算机审计的技术、手段或工具是现代信息技术，利用现代信息技术对计算机信息系统或手工信息系统进行审计，同时包括对计算机管理的数据进行检查，对管理数据的计算机进行检查以及利用计算机对手工信息系统进行审查等。计算机审计的具体内容包括两个组成部分，一个是管理经济活动和进行财政财务收支核算的信息系统，另一个是信息系统处理的财政财务收支及有关经济活动的数据（刘汝焯等，2012）。综上对计算机审计概念的分析，可以把计算机审计的含义总结如下：计算机审计是与传统审计相对的概念，它是随着信息技术的发展而产生的一种新的审计方式，其内容包括利用计算机等信息技术进行审计和对计算机信息系统进行审计两个方面，而不仅仅是对电子数据处理系统或会计信息系统进行审计。由此可以推出，计算机审计包括信息系统审计，计算机审计与计算机辅助审计不存在太大的区别。

2. 电子数据审计

电子数据审计是目前审计实务界使用较多的一个术语。对于电子数据审计，目前还没有给出明确的定义，根据目前对该术语的使用情况，电子数据审计一般可以定义为："对被审计单位信息系统中的电子数据进行采集、预处理以及分析，从而发现审计线索，获得审计证据的过程。"电子数据审计与信息系统审计的区别在于，电子数据审计是对被审计信息系统中的电子数据进行审计，信息系统审计则是对采集、预处理和分析电子数据的信息系统进行审计。由此可以推出，电子数据审计是计算机辅助审计的一个组成部分。

3. 账套式审计

账套式审计又称会计信息系统审计，是在信息化财务处理系统和计算机审计条件下产生的一个新概念。它是指当审计人员从被审计单位财务系统中导入相关数据后，将其整理转换为传统意义上的账目系统，然后进行检查的审计模式。在这种模式下，审计的重心依然是账目系统，只不过是由纸质账目系统转换为电子账目系统（石爱中等，2005）。账套式审计区别于传统账目基础审计的关键在于账套式审计的审计对象是电子账目系统，而非纸质账目系统，这只是审计技术与手段的进步，并非审计观念和审计方式的进步与创新。同电子数据审计与信息系统审计的区别一样，账套式审计也是对电子数据进行审计，而不是对计算机硬件、计算机软件、信息用户和规章制度等进行审计。

4. 数据式审计

为适应信息化审计环境的需要，需要对海量数据进行筛选分析，发现疑点和审计线索，数据式审计的概念也应运而生。数据式审计不同于以往任何一种审计模式，它不是账目或信息化环境下的电子账套，而是将电子数据作为直接的审计对象，而不必将其转换成规定的电子账套（石爱中等，2005）。数据式审计是一个在现存审计理论框架中新生的概念，这种审计模式同账套式审计一样，是对存储于信息系统中的电子数据进行审计。

5. 联网审计

在 2004 年召开的第二届计算机审计国际研讨会上，来自多个国家和地区的专家就对联网审计的研究与应用进行了交流。印度总审计署认为，联网审计是一项技术，它可以在系统处理数据的同时，或者在处理结束后马上收集审计证据。波兰最高监察院认为联网审计的工作内容主要包括通过互联网访问被审计单位的公共数据库，并分析电子格式的文件、声明和解释。审计署审计科研所的王刚（2005）认为，联网审计是指审计机关与被审计单位进行网络互连后，在对被审计单位财政财务管理相关信息系统进行测评和高效率的数据采集与分析的基础上，对被审计单位财政财务收支的真实、合法、效益进行实时、远程检查监督的行为，是一种"全新的审计理念与审计模式"。联网审计是通过联网进行审计，从而提高审计质量、审计效率，联网不是目的，而是手段（杨蕴毅，2006），是审计机关实时在线获取对方系统中审计所需数据，进行实时的审计处理，及时发现问题并反馈，督促被审计单位及时规范管理，采用动态、远程审计的方式，达到事中审计的效果和效益，并对积累的历史数据进行趋势分析和预测评价，提出审计评价意见和审计建议（张春伟，2009）。联网审计的内容主要包括两个方面：一是对电子化的财政财务数据的审计；二是对处理财政财务数据的信息系统的审计（耿余辉等，2009）。

因此，联网审计是由于网络技术在审计中的应用而形成的一种新的审计模式，它使审计信息交流、审计证据的采集和分析技术、审计项目管理等任务实现网络化、远程化，并且新方法工具的应用，使审计任务的性质、目标发生局部变化，其审计的内容包括信息系统审计与电子数据审计两个方面。

6. 持续审计

持续审计是指审计人员对委托项目的相关事项实时或短时间内生成审计报告，对委托项目提供书面认证的一套审计方法（AICPA/CIA，1999；ISACA，2009）。持续审计是同传统期间审计相对应的概念，其本质是审计方法的创新，它强调审计过程的持续性、审计实施的即时性和审计活动的整合性，并且基于例外审计和战略系统审计的理念，要求审计人员运用"自上而下"和"自下而上"相结合的手段，对审计对象做出合理的专业判断（何芹，2008）。

7. 信息系统审计

信息系统审计，也称为系统审计。信息系统审计不存在普遍统一的定义（Majdalawieh et al.，2013）。信息系统审计的国际权威组织——信息系统审计与控制协会（Information System Audit and Control Association，ISACA）将信息系统审计定义为："信息系统审计是收集和评估证据，以确定信息系统与相关资源能否适当地保护资产、维护数据完整、提供相关和可靠的信息、有效完成组织目标、高效率地利用资源并且存在有效的内部控制，以确保满足业务、运作和控制目标，在发生非期望事件的情况下，能够及时地阻止、检测或更正的过程。"1985 年，日本通产省认为："所谓信息技术审计是指由独立于审计对象的信息技术审计人员站在客观的立场，对以计算机为核心的信息系统进行综合检查、评价，向有关人员提出问题与劝告，追求系统的有效利用和故障排除，使系统更加健全。"日本经济产业省又于 1989 年在修正的《系统审计准则》的定义中认为，系统审计是指由独立于审计对象的系统审计人员客观地对信息系统进行综合检验和评价，向相关组织部门的负责人提出建议并提供支援的一系列活动。随着信息系统环境的变化，加上日本阪神大地震的影响，日本通产省在 1996 年对信息技术审计准则的内容进行全面修订后，将信息技术审计又重新定义为："为了信息系统的安全、可靠与有效，由独立于审计对象的信息技术审计人员，以第三方的客观立场对以计算机为核心的信息系统进行综合的检查与评价，向信息技术审计对象的最高领导提出问题与建议的一连串的活动。"Strous（1998）认为，信息系统审计是对自动化部门的组织机构、自动化信息处理的技术及组织基础设施的可靠性、安全性、效果性和效率性进行独立无偏的评价。Weber（1999）认为，信息系统审计是一个获取并评价证据，以判断信息系统是否能够保证资产的安全、数据的完整以及高效地利用组织的资源并有效地实现组织目标的过程。Pathak（1999）认为信息技术审计收集与评估审计证据，以评价信息系统是否能够保护资产的安全，保持数据的完整性，实现组织目标以及实现资源利用的效率性等。Wulandari（2003）将信息系统审计定义为评估和报告系统控制、效率、经济性以及完全性等是否充分的过程，以确保数据的完整性和系统遵循程序、准则、规则和法律法规的要求。中国内部审计协会在《内部审计具体准则第 28 号——信息系统审计》中认为，信息系统审计是指由组织内部审计机构及人员对信息系统及其相关的信息技术内部控制和流程开展的一系列综合检查、评价与报告活动，其目的是通过实施信息系统审计工作，对组织是否达成信息技术管理目标进行综合评价，并基于评价意见提出管理建议，协助组织信息技术管理人员有效地履行其受托责任以达成组织的信息技术管理目标。庄明来等（2008）认为，信息系统审计是指通过对被审计单位信息系统的组成部分及其规划、研发、实施、运行、维护等过程进行审查，就被审计单位信息系统的安全性、可靠性、有效性和效率性以及信息系统能否有效地使用组织资源并帮助实现组织目标发表意见。王振武（2009）认为，信息系统审计是通过一定的技术手段采集审计证据，对被审计单位的计算机信息系统的安全性、可靠性、有效性和效率性进行综合审查与评价活动，信息系统审计的对象是被审计单位的计算机信息系统。从上述观点可以看出，国内外学者或机构对信息系统审计的定义基本上是一致的，即信息系统审计是指收集与评估审计证据，对信息系统的合法性、可靠性、安全性、有效性和效率性进行审计，对被审计单位的信息系统做出科学、合理的评价。

三、计算机辅助审计技术方法

计算机辅助审计技术可以划分为三类，即面向系统的计算机辅助审计技术、面向数据的计算机辅助审计技术和其他新技术，如图 1-1 所示。

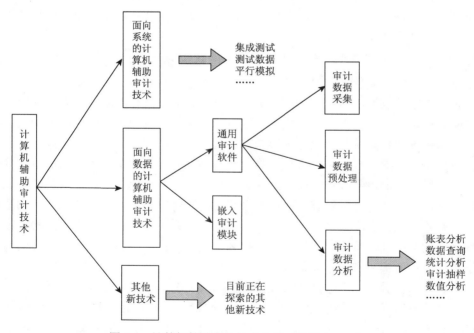

图 1-1　计算机辅助审计技术分类（陈伟，2012）

面向系统的计算机辅助审计技术，是用于验证程序或系统的计算机辅助审计技术，包括集成测试、测试数据和平行模拟等技术。面向数据的计算机辅助审计技术，是用于分析电子数据的计算机辅助审计技术，包括通用审计软件和嵌入审计模块两类，通用审计软件又包括审计数据采集、审计数据预处理和审计数据分析等。本书主要介绍数据式审计部分，面向系统的审计不作介绍。

四、计算机辅助审计的特征

计算机辅助审计是大数据时代一种较为系统、崭新的取证模式，与传统取证模式相比，存在很大差异。

1. 以系统论为指导

任何系统都是一个有机整体，它不是各个部分的机械组合或简单相加。系统的整体功能是各要素在孤立状态下所没有的，同时运用亚里士多德的"整体大于部分之和"的名言来说明系统的整体性，反对认为要素性能好，整体性能一定好，以局部说明整体的机械论的观点。这里认为系统中各要素不是孤立地存在着，每个要素在系统中都处于一定的位置上，起着特定的作用。要素之间相互关联，构成了一个不可分割的整体。系统论讲的是事物之间的联系，是规律，要求思维是立体的，不是平面的。计算机辅助审计就是要从系统论的高度来研究新的审计方式。把审计对象作为一个系统，使被审计单位的信息放在审计监督范围之内。审计人员审计被审计单位时，系统地掌握整个单位的资料，通过系统分析、对照、比较，选择其中最薄弱的部分作为审计重点，找出核心问题所在，从总体上把握，而不是采用盲人摸象的方法去寻找审计证据。从整个系统论的高度开发利用计算机，这是计算机辅助审计的最终目的。因此，以系统论为指导是计算机辅助审计的一个重要特征。

2. 以信息系统或底层电子数据为切入点

被审计单位信息系统是计算机辅助审计的切入点，也是电子数据审计开展的基础。在计算机辅助审计发展的前期，审计人员对数据审计的关注程度很高，因此，电子数据审计与账套式审计被审计人员广泛接受，但审计人员往往忽视了以产生数据的信息系统进行审计。由于信息系统是产生电子数据的"机器"，若不对信息系统进行测试或审计，被审计单位电子数据的真实性、可靠性将无法得到保障，在此基础上构建的审计分析模型和数据分析结果的可靠性也不能得到保障。在审计实务工作中，审计人员经常发现被审计单位利用信息系统进行舞弊，在信息系统中嵌入舞弊程序，给社会经济活动造成重大损失。有鉴于此，审计人员应当将被审计单位信息系统作为审计切入点，对被审计单位信息系统的合法性、可靠性、安全性、有效性进行评价，并以信息系统审计的结论作为电子数据审计方案制定的重要依据。

被审计单位底层电子数据是计算机辅助审计的另一个切入点。在传统审计取证模式下，纸质会计凭证、账簿和报表等是其取证的切入点，而计算机辅助审计所面对是被审计单位及相关单位的底层电子数据，在分析底层电子数据的基础上，发现审计线索，对纸质会计凭证、账簿和报表等进行延伸取证。以底层电子数据作为计算机辅助审计的切入点主要是基于以下几个方面的考虑：①被审计单位底层电子数据没有被加工处理过，其真实性和可靠性远远高于被审计单位提供的账簿和报表；②以底层电子数据作为审计切入点，运用计算机辅助审计技术可以提升审计工作的效率和效果；③底层电子数据具有原子性的特征，审计人员根据审计目标可以生成灵活多样的信息，其价值远大于现有账簿、报表等提供的信息。需要指出的是，以底层电子数据作为审计切入点，并不能完全保证被审计单位底层电子数据的真实性和可靠性，需要审计人员根据各方面的信息进行甄别。

3. 创建审计中间表，构建审计资源平台

创建审计中间表是计算机辅助审计的一个基本标志。审计中间表是面向审计分析数据的存储模式，它是将转换、清理、验证后的被审计单位及其相关外部单位的原始数据，按照提高审计分析效率、实现审计目的的要求进一步选择、整合而形成的数据集合。以审计中间表为中心，组合审前调查获取的信息和审计项目的组织管理信息，建立起审计信息系统，作为审计项目资源的共享和管理平台。

审计信息系统的资源是随着审计项目资源信息的不断增加而不断丰富完善的。构建审计信息系统是实现数据式审计的一项重要内容。审计信息系统是审计资源平台的核心，其主要组成部分如下。

（1）审前调查获取的被审计单位信息。审前调查的信息是审计信息系统的重要组成部分。审前调查阶段获取的信息是指，审计人员通过上网查阅有关资料、听取情况介绍、调阅有关资料、找有关部门和人员座谈、发放内部控制和信息系统调查表等方法所搜集的资料和信息，根据这些信息制定的审前调查方案，以及通过审前调查获取的被审计单位的基本情况等。

（2）审计数据库。审计数据库指围绕审计项目从被审计单位及相关外部单位取得的财务数据和业务数据，包括备份的原始数据和经过清理、转换、验证所形成的审计中间表。

（3）审计项目管理及其他信息。审计项目管理及其他信息包括项目开展过程中审计人员的分析模型、数据分析报告、审计日记、审计工作底稿等，这些都是审计信息系统的重要组成部分。

4. 构建模型进行数据分析

构建模型，用模型对审计数据进行分析，而不再主要依靠个人的经验判断，是计算机辅助审计的又一个基本特征，也是计算机辅助审计区别于传统手工审计的一个标志。能够系统地总结出构建审计分析模型的一般规律和具体算法，并在审计实务中得以推广应用，才表明真正实现了计算机辅助审计。审计分析模型是审计人员用于数据分析的数学公式或者逻辑表达式，它是按照审计事项具有的性质或数量关系，由审计人员通过设定计算、判断或限制条件建立起来的，用于验证审计事项实际的性质或数量关系，从而对被审计单位经济活动的真实、合法及效益情况做出科学的判断。审计分析模型有多种表现形态，用于查询分析中，表现为一个或一组查询条件；用于多维分析中，表现为切片、切块、旋转、钻取、创建计算机成员、创建计算单元等；用于挖掘分析中，表现为设定聚类、分类等挖掘条件。审计分析模型算法是构建分析模型的思路、方法、步骤。审计对象千变万化，即使是同一个对象，数据结构和数据内容也会处于不断的变化之中，所以审计分析模型不可能是一个不变的、万能的公式。具体的模型必须针对具体的数据来构建，不能照搬照用其他地方的模型。

■ 第三节　计算机辅助审计过程

计算机辅助审计是一种技术手段，是审计取证模式的一种创新，而不是审计内容的拓展，其目的是运用计算机技术辅助审计活动，提高审计的效率和效果。离开财务审计、工程项目审计、管理审计和信息系统审计等具体审计内容，计算机辅助审计将失去存在的意义。虽然计算机辅助审计不是审计内容的拓展，但其审计过程有别于财务审计、工程项目审计、管理审计和信息系统审计的过程。计算机辅助审计过程一般可分为审计平台构建阶段、审计数据分析阶段、审计报告撰写阶段和审计延伸取证阶段。

一、审计平台构建阶段

审计平台，又称审计资源平台，是开展计算机辅助审计的前提和基础。计算机辅助审计取证的切入点是被审计单位的信息系统和底层电子数据，但底层电子数据需要导入审计机构的软硬件平台，经过数据清理、转换后形成审计中间表，并构建审计信息系统，这样才有利于审计人员开展数据分析。审计人员构建审计资源平台通常被划分为审前调查、数据采集、数据预处理和审计信息系统构建等几个阶段，如图 1-2 所示。

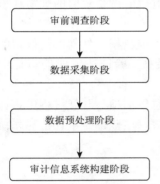

图 1-2　审计资源平台构建流程

1. 审前调查阶段

审前调查是计算机辅助审计过程的起点。科学合理的审前调查有利于帮助审计人员有的放矢地去开展信息系统的审计和数据采集。该阶段的主要任务包括：调查被审计单位的基本情况、信息系统情况和电子数据情况；信息系统审计；提出数据需求，并编写数据需求说明书。审前调查获取的信息越充分，数据采集工作的开展就越顺利。

2. 数据采集阶段

数据采集阶段是指在审前调查的基础上，全面收集被审计单位的数据资料，撰写数据采集报告的过程。该阶段的主要任务包括：制定数据采集方案，完成数据采集、数据验证和编写数据采集报告。

3. 数据预处理阶段

数据预处理阶段是指对采集的被审计单位的电子数据进行转换、清理和验证，以满足审计数据质量要求的过程。该阶段的主要任务包括：数据转换、数据清理、数据验证和撰写转换、清理与验证工作报告。

4. 审计信息系统构建阶段

审计信息系统构建阶段包括审前调查获取的信息、审计中间表的构建以及其他方面的信息，其中创建审计中间表是审计信息系统构建的核心。创建审计中间表阶段是指，以审计中间表数据为中心，涵盖与项目相关的人员组织、工作安排等相关管理信息和其他信息，构建审计信息系统，作为审计项目资源的共享和管理平台。该阶段的主要任务包括：构建审计项目资源共享与管理平台，撰写审计中间表使用说明书等。

二、审计数据分析阶段

审计数据分析阶段是指，以审计资源平台为基础，结合审计目标，开展有针对性数据分析的过程。审计数据分析阶段主要包括：系统分析模型构建、类别分析模型构建和个体分析模型构建三个阶段，如图1-3所示。

1. 系统分析模型和类别分析模型构建阶段

系统分析模型和类别分析模型的构建可以帮助审计人员把握被审计单位的总体情况，锁定审计重点，选择合适的审计突破口。系统分析模型和类别分析模型的构建顺序是先进行系统分析模型构建，把握被审计单位的总体情况，再构建类别分析模型，确定审计重点，为个体分析模型的构建提供方向。

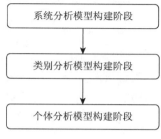

图1-3　审计数据分析阶段

2. 个体分析模型构建阶段

个体分析模型是通过审计数据分析方法，查找审计线索，形成数据分析报告，为延伸取证奠定坚实的基础。审计数据分析的方法多种多样，American Capital League 公司（以下简称 ACL 公司）的专家 Coderre（2000）对审计数据分析方法进行了概括性的总结，提炼出了 17 种常见的数据分析方法。审计人员可以结合常见的审计数据分析方法和审计数据分析实务经验，构建个体分析模型，开展审计数据分析。

三、审计报告撰写阶段

计算机辅助下的审计报告撰写是指审计数据分析报告的撰写。数据分析报告是记录审计组分析审计中间表数据过程和结果的文件，也是审计数据分析的载体和标志性文档。审计数据分析工作完成后，审计数据分析报告的撰写应分成三个阶段进行，即首先让负责数据分析工作的审计人员根据自身数据分析结果撰写本部分数据分析报告，然后由审计组负责人或主审撰写审计数据分析总报告，最后由审计组组长或主审复核审计数据分析报告，验证审计数据分析报告的科学性和合理性。

四、审计延伸取证阶段

审计延伸取证阶段是指，审计数据分析报告形成后，审计人员可以根据审计数据分析发现的审计线索进行延伸落实，获取被审计单位舞弊的证据，辅助财务审计、工程项目审计等工作的开展。本书主要介绍审计平台构建、审计数据分析和审计报告撰写，对于审计延伸取证不涉及，感兴趣的读者可参阅审计延伸取证的相关书籍。

■ 第四节　计算机辅助审计执业准则

一、计算机辅助审计执业准则的概念

计算机辅助审计执业准则是指审计人员在执行业务的过程中所应遵守的职业规范，

包括业务准则和质量控制准则。它是审计主体在信息化环境下规范计算机辅助审计活动、提高审计工作质量和效率的重要标准，是对计算机辅助审计的约束和指导（刘汝焯等，2012）。

二、计算机辅助审计执业准则的作用

（一）规范计算机辅助审计活动，使其步入科学化、制度化、规范化轨道

计算机辅助审计执业准则主要是确定信息化环境审计主体的审计程序、实施审计的各项标准和要求，审计机构和审计人员认真遵守、执行计算机辅助审计执业准则所确定的内容，能起到规范计算机辅助审计活动的作用，使计算机辅助审计活动步入科学化、制度化、规范化轨道。

（二）提高计算机辅助审计工作的质量和效率，降低审计风险

计算机辅助审计执业准则对计算机辅助审计活动中涉及的各个方面和审计过程中的各个环节都进行了具体规定，如在整个计算机辅助审计过程中，审计人员必须遵守哪些审计流程，完成对哪些项目的测试，采取什么样的审计技术与方法，达到什么样的质量标准等都有明确要求。审计人员严格遵照执行计算机辅助审计执业准则，审计工作质量才能得到保证。同时，计算机辅助审计执业准则是计算机辅助审计经验的总结，是对审计活动内在规律的反映，审计人员按照计算机辅助审计执业准则确定的程序、步骤、技术和方法开展工作，能够少走弯路，提高计算机辅助审计效率，保障审计工作科学、有序、高效地运行，全面实施审计目标，降低审计风险。

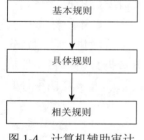

图1-4　计算机辅助审计执业准则体系

三、计算机辅助审计业务准则

（一）计算机辅助审计业务准则体系结构

计算机辅助审计执业准则体系主要由基本规则、具体规则和相关规则三个层次组成，如图1-4所示。

计算机辅助审计基本规则是指审计机构和审计人员开展计算机辅助工作应当遵循的基本行为规范和工作标准。计算机辅助审计具体规则是指依据计算机辅助审计基本规则的内容和计算机辅助审计重要环节的要求制定的，要求审计机构和审计人员在执行这些具体环节时应当遵守的行为准则。计算机辅助审计相关规则不是直接对计算机辅助审计行为的规范和指导，而是反映用于规范与计算机辅助审计关系密切、有利于促进审计事业发展的其他工作的相关标准。

（二）计算机辅助审计业务准则主要内容

1. 计算机辅助审计的基本规则

中国计算机辅助审计的基本规则主要来自审计署及其相关机构，目前国家层面尚未颁布统一的计算机辅助审计基本规则。审计署京津冀特派员办事处制定的《计算机审计

操作规则》和《网上审计操作规则》就属于这一层次的计算机审计规则。

（1）《计算机审计操作规则》。计算机审计包括计算机数据审计和计算机信息系统审计。《计算机审计操作规则》涵盖了计算机数据审计七步流程的各个方面，对审计数据采集、审计数据分析和审计延伸取证等进行了规定。

（2）《网上审计操作规则》。计算机技术、网络技术提供了强有力的支持，远程网上审计才得以实现。《网上审计操作规则》是对网上审计行为的规范和指导，从工作模式、审计方法、组织方式、沟通机构等几个方面进行了明确规定。

2. 计算机辅助审计的具体规则

计算机辅助审计的具体规则也主要来自审计署及其相关机构，审计署京津冀特派员办事处制定的《审计中间表创建和使用管理规则》和《数据分析报告撰写规则》就属于此类规则。

（1）《审计中间表创建和使用管理规则》。《审计中间表创建和使用管理规则》规定了审计人员在创建和使用管理审计中间表时应当遵守的行为准则。审计中间表是面向审计分析的数据存储模式，在计算机数据审计的七步流程中，创建规范完整的审计中间表是开展审计数据分析的前提条件。本规则不仅规范了审计中间表的结构设计方法和创建步骤，对审计中间表的类型、命名、字段类型等进行了明确规则，同时对审计中间表的使用和管理做了详细要求。

（2）《数据分析报告撰写规则》。《数据分析报告撰写规则》规定了审计人员在撰写数据分析报告时应当遵守的行为准则。数据分析报告是记录审计组构建审计分析模型、分析审计中间表数据过程和结果的重要文书。《数据分析报告撰写规则》明确规定了数据分析报告的内容、结构和具体格式，以求达到规范数据分析报告撰写行为，提高审计数据分析质量的目的。

3. 计算机辅助审计的相关规则

计算机辅助审计的相关规则也主要来自审计署及其相关机构，审计署京津冀特派员办事处制定的《审计数字化应用规则》和《电子文件归档与管理办法》即属此类规则。

（1）《审计数字化应用规则》。《审计数字化应用规则》是为全面应用计算机技术处理审计业务和进行审计管理、推动审计信息化发展而制定的，是对审计数字化建设行为的规范。审计数字化作为审计信息化的技术基础，当前的发展水平不仅与审计信息化建设快速推进不相适应，并且已经成为制约审计信息化发展的瓶颈。这需要引起人们的高度重视，采取切实有效的措施加快发展。该规则从审计信息的数字化、审计数据信息的管理和审计数字信息的使用三个方面，对审计数据化建设的"化""管""用"三项基本任务进行了详细规定。

（2）《电子文件归档与管理办法》。《电子文件归档与管理办法》是为适应审计信息化建设需要，实现审计数字资源共享和统一利用而制定的，是对电子文件归档与管理工作的规范。随着审计信息化建设的快速推进和计算机辅助审计工作的深入开展，审计机构在电子政务和计算机辅助审计活动中产生了越来越多具有参考、利用价值的电子文件和审计数据，需要按照一定的规则进行归档和管理。该办法从审计项目电子档案的整理、文书电子档案的整理、电子档案的移交、电子档案的保管和利用等方面提出了明确的要求。

四、信息系统审计准则

（一）国内信息系统审计相关准则

1993 年，审计署颁布了《审计署关于计算机审计的暂行规定》，第二条指出"凡使用计算机管理财政、财务收支及其有关经济活动的被审单位，审计机关有权采用计算机技术，依法独立对其计算机财务系统进行审计监督"，同时也在第三条中对计算机审计的内容进行了规定，这为审计人员开展包括信息系统审计在内的计算机审计提供了初步依据。1996年，审计署颁布《审计机关计算机辅助审计方法》，详细规定了计算机辅助审计的概念以及包括的内容。《审计机关计算机辅助审计方法》中规定，为便于确定被审计单位使用计算机处理的信息对其财务收支的真实性、合法性是否会产生影响，被审计单位必须按照审计机关规定的期限和要求，报送计算机应用系统开发的验收报告、申请使用该系统的报告、与之配套的管理制度和措施以及计算机应用系统变动情况等资料；对被审计单位计算机应用系统测试获取审计证据时，审计人员应当检测计算机应用系统相关的内部控制是否存在、有效，以及对审计证据可靠性的影响。1999 年，中国注册会计师协会颁布了《独立审计具体准则第 20 号——计算机信息系统环境下的审计》，对注册会计师在计算机信息系统环境条件下进行审计进行了规范，准则要求注册会计师在计算机信息系统环境下执行会计报表审计业务，应当考虑其对审计的影响，指出了在计算机信息系统环境下审计的一般原则、计划、内部控制研究、评价与风险评估以及审计程序等。2001 年，国务院办公厅颁布了《关于利用计算机信息系统开展审计工作有关问题的通知》，规定审计机关有权检查被审计单位运用计算机管理财政财务收支的信息系统，在审计机关对被审计单位电子数据真实性产生疑问时，可以对计算机信息系统进行测试。2006 年，为了规范注册会计师在计算机信息系统环境下执行会计报表审计业务，明确工作要求，保证执业质量，根据《独立审计基本准则》，中国注册会计师协会制定和颁布了《中国注册会计师审计准则第 1633号——电子商务对财务报表审计的影响》，对审计人员关于电子商务应了解哪些方面，应识别哪些风险以及对内部控制应如何考虑都做了详细规定。同时，《中国注册会计师审计准则 1633 号——电子商务对财务报表审计的影响》还规定注册会计师按照本准则的规定对电子商务进行考虑，旨在对财务报表形成审计意见，而非对电子商务系统或活动本身提出鉴证结论和咨询意见。由此可见，该准则并非是针对信息系统的审计准则。2006 年修订的《中华人民共和国审计法》从法律上明确了审计机关获取被审计单位与审计相关电子数据和电子计算机技术文档、检查财政财务收支信息系统的权力。

2008 年 9 月，中国内部审计协会为了规范组织内部审计机构及人员开展信息系统审计活动，保证审计质量，根据《内部审计基本准则》制定并颁布了《内部审计具体准则第 28 号——信息系统审计》，2013 年中国内部审计协会对该准则的名称进行了修改，但其具体内容未做修改。该准则由总则、一般原则、审计计划、信息技术风险评估、信息系统审计的内容、信息系统审计的方法、审计报告与后续工作以及附则组成。该准则对信息系统审计的含义、目的、专业胜任能力、内容、方法等进行了阐述，同时，还将信息系统审计的阶段划分为审计计划阶段、审计实施阶段、审计报告与后续工作阶段。因此，同前面所颁布的与信息系统审计相关的规范相比，该准则是中国第一个真正意义上的信息系统审计准则。

到目前为止，中国尚没有专门针对信息系统审计的职业道德规范和质量控制准则，审计人员应依不同的审计主体，遵循不同的职业道德规范和质量控制准则。以注册会计师审计为例，对信息系统审计的质量控制与职业道德规范应遵循《会计师事务所质量控制准则第 5101 号——业务质量控制》和《中国注册会计师协会会员职业道德守则》。

（二）ISACA 信息系统审计准则

ISACA 信息系统审计准则是由 ISACA 制定，并向全球发布的信息系统审计规范。该准则以其国际领先的地位和专业水平，正成为信息系统审计准则的国际标准。在制定该准则时，ISACA 准则委员会致力于广泛的咨询和磋商。在发布任何准则之前，ISACA 准则委员会都会利用网站发布等形式，向全球公布草稿文本，以供公众审议。在必要时，ISACA 准则委员会还会寻求专家的意见。

截至目前，ISACA 共发布了 16 项基本准则、42 项审计指南和 11 项作业程序，这些规范层次清晰，可操作性强。

1. 基本准则

基本准则如表 1-1 所示，即信息系统审计（information system audit，ISA）标准，是整个 ISACA 信息系统审计准则体系的总纲，ISACA 的审计指南与审计程序都是在基本准则的指导下制定或推导出来的。基本准则是审计指南与审计程序制定的基础依据。在基本准则制定的过程中，ISACA 于 1997 年发布了一项信息系统审计准则，包括审计章程、审计独立性、职业道德与标准、职业能力、审计计划、审计工作的实施、审计报告和后续工作八部分，该准则于 1997 年 7 月 25 日开始生效。随着审计指南与作业程序的制定与发布以及对信息系统基本审计准则可扩展性的考虑，ISACA 于 2005 年将 1997 年发布的信息系统审计准则拆分为八个基本准则，并对原有内容根据信息技术发展状况进行了修订。同时，于 2005 年 9 月之后陆续发布了 S9~S16 等其他八个基本准则。

表 1-1　ISACA 的基本准则

	信息系统审计标准	生效日期
S1	审计章程	2005.1.1
S2	审计独立性	2005.1.1
S3	职业道德与标准	2005.1.1
S4	职业能力	2005.1.1
S5	审计计划	2005.1.1
S6	审计工作的实施	2005.1.1
S7	审计报告	2005.1.1
S8	后续工作	2005.1.1

续表

	信息系统审计标准	生效日期
S9	违规行为	2005.9.1
S10	信息技术治理	2005.9.1
S11	审计计划中风险评估的运用	2005.11.1
S12	审计重要性	2006.7.1
S13	使用其他审计专家的工作成果	2006.7.1
S14	审计证据	2006.7.1
S15	信息技术控制	2008.2.1
S16	电子商务	2008.2.1

注：资料来源为 www.isaca.org。

在 ISACA 基本准则的内容方面，审计章程规定了审计职能的责任、权利和义务，而审计独立性、职业道德与标准以及职业能力则是对审计人员的要求，最后的审计计划、审计工作的实施、审计报告和后续工作四部分则是对审计工作的规范。同时 ISACA 根据审计对象的特殊性，将信息技术治理、信息技术控制、电子商务等纳入基本准则规定的范畴，并对信息技术控制、审计风险等概念进行了界定。从总体上讲，ISACA 在信息系统审计的基本准则方面是比较全面的，从审计职能的责任、权利、义务到信息系统审计工作的执行，审计报告的出具，ISACA 都进行了规定，基本准则不仅考虑到了审计的一般性特点，同时结合了信息系统审计的独特性。

2. 审计指南

审计指南如表 1-2 所示，其提供了应用信息系统审计准则的指引，是 ISA 标准的具体化。审计指南是对审计准则的详细操作说明，但并非所有指南都需要不折不扣机械遵循，而需要审计人员理解其精髓，运用专业知识判断，具体情况具体分析，截至 2016 年 4 月颁布的审计指南有 42 个。审计指南在 1998 年 6 月 1 日之后陆续生效。同时，ISACA 根据信息系统审计实践发展的要求在 2008 年对审计指南 G1～G14 以及审计指南 G22 分别进行了修订。考虑到审计指南的违规行为（G19）与审计指南的对违规行为的审计考虑（G9）在内容规定上存在着重复性，于 2008 年 9 月 1 日起撤销了审计指南的违规行为（G19）。

表 1-2　ISACA 的信息系统审计指南

	信息系统审计指南	生效日期
G1	利用其他审计人员的成果	1998.6.1
G2	审计取证	1998.12.1
G3	利用计算机辅助审计技术	1998.12.1
G4	信息系统业务外包情况下的审计	1999.9.1
G5	审计章程	1999.9.1
G6	信息系统审计中的重要性概念	1999.9.1

续表

	信息系统审计指南	生效日期
G7	应有的职业谨慎	1999.9.1
G8	审计文档	1999.9.1
G9	对违规行为的审计考虑	2000.3.1
G10	审计抽样	2000.3.1
G11	信息系统控制的效果	2000.3.1
G12	组织关系和独立性	2000.9.1
G13	审计计划中风险评估的运用	2000.9.1
G14	应用系统评审	2001.11.1
G15	信息系统审计计划	2002.3.1
G16	第三方对信息系统控制的影响	2002.3.1
G17	非审计角色对审计独立性的影响	2002.7.1
G18	信息技术治理	2002.7.1
G19	违规行为	（失效）
G20	审计报告	2003.1.1
G21	企业资源计划系统评审	2003.8.1
G22	B2C 电子商务审核	2003.8.1
G23	系统开发生命周期审核	2003.8.1
G24	网上银行	2003.8.1
G25	对虚拟专用网络的审核	2004.7.1
G26	企业流程再造项目审核	2004.7.1
G27	移动设备的使用审核	2004.9.1
G28	计算机取证	2004.9.1
G29	执行后的评审	2005.1.1
G30	职业能力	2005.6.1
G31	保密	2005.6.1
G32	业务连续性计划的审核	2005.9.1
G33	对网络使用的总体考虑	2006.3.1
G34	责任、权利及义务	2006.3.1
G35	后续工作	2006.3.1
G36	指纹识别控制	2007.2.1
G37	配置管理过程	2007.11.1
G38	访问控制	2008.2.1
G39	信息技术组织	2008.5.1
G40	安全管理实践评审	2008.10.1
G41	安全投资收益	2010.5.1
G42	持续认证	2010.5.1

注：表中的 B2C（business-to-customer）的意思是企业对消费者。资料来源为 www.isaca.org。

3. 作业程序

作业程序（表 1-3）是对信息系统审计过程中可能遇到的一些特殊情况、特殊方面做出了参考性指导，为审计人员提供在实务中可以参考、遵循的例子。但它不是必须遵循的步骤和测试方法，也不是达到同样目的唯一的步骤和测试方法，仅供审计人员参考。作业程序是对基本准则和审计指南的另外一种补充。作业程序自 2002 年 7 月 1 日后陆续生效。ISACA 所颁布的作业程序也阐述了与信息及相关技术的控制目标（control objectives for information and related technology，COBIT）的联系，如在作业程序的违规行为（P7）中根据评估风险（PO9）、确保系统安全（DS5）和管理数据（DS11）提出了调查不正当及非法行为应考虑的问题。

表 1-3 ISACA 的信息系统作业程序

	信息系统作业程序	生效日期
P1	信息系统风险评估	2002.7.1
P2	数字签名	2002.7.1
P3	入侵检测	2003.8.1
P4	病毒及其他恶意代码	2003.8.1
P5	控制风险自我评估	2003.8.1
P6	防火墙	2003.8.1
P7	违规行为	2003.11.1
P8	安全性评估——穿透测试和弱点分析	2004.9.1
P9	对加密方法管理控制的评估	2005.1.1
P10	商业应用转换控制	2006.10.1
P11	电子资金转账	2007.5.1

注：资料来源为 www.isaca.org。

信息技术在社会经济活动中的应用给审计带来了革命。财务报表审计、绩效审计与环境审计等已经不能满足审计监督、控制功能的要求，对产生信息的载体信息系统进行审计变得越来越重要。正是在这种背景下，信息系统审计应运而生，虽然 ISACA 制定的信息系统审计准则在审计质量控制方面存在欠缺，但 ISACA 所制定的信息系统审计准则、指南与程序也涉及信息系统审计的绝大部分领域，且层次清晰，可操作性强。经过十多年的发展，ISACA 信息系统审计准则已经逐步走向了成熟和完善，并且还逐步对原来制定的准则进行了修订。审计指南和作业程序的制定在基本准则的框架下，正有计划、有顺序、有重点地向前发展。在未来发展中，商业智能（business intelligence）、能力评审（capacity review）、信息系统战略规划评审（IS strategic plan review）、安全评级（secure classification）和知识管理（knowledge management）等项目将成为制定审计指南和作业程序重点关注的领域。中国在制定与完善信息系统审计标准的过程中应大力借鉴 ISACA 的先进信息系统审计准则、指南与程序，结合中国信息系统审计运用的现状制定信息系统审计准则体系。

■ 复习思考题

1. 谈谈您对计算机辅助审计取证模式的认识。

2. 什么是计算机辅助审计？计算机辅助审计与计算机辅助审计相关概念的区别是什么？

3. 计算机辅助审计的技术方法包括哪些？

4. 计算机辅助审计的过程包括哪些？您如何认识这些过程？

5. 计算机辅助审计执业准则包括哪些？

6. ISACA 颁布的信息系统审计准则包括哪些？

■ 实验项目

1. 注册会计师小张在审计某公司个人所得税时发现，该公司 3 月份应交个人所得税为零元，请运用计算机辅助审计技术复核该公司 3 月份的个人所得税是否正确。若不正确，请提出审计调整建议。

2. 导入"实验项目数据"中的数据完成上述复核工作。

第二章

计算机辅助审计基础

➤学习目标

通过本章的学习，应当了解并掌握：

（1）数据库的相关概念。

（2）编写 T-SQL。

（3）数据库访问技术。

（4）审计软件的种类与常用审计软件。

■ 第一节　数据库相关概念

一、数据库

数据库（database）是按照数据结构来组织、存储和管理数据的仓库，是依照某种数据模型组织起来并存放二级存储器中的数据集合。这种数据集合具有如下特点：尽可能不重复，以最优方式为某个特定组织的多种应用服务，其数据结构独立于使用它的应用程序，对数据的增、删、改、查由统一软件进行管理和控制。从发展的历史看，数据库是数据管理的高级阶段，它是由文件管理系统发展起来的。数据库的优点主要体现在以下几个方面：①减少数据的冗余度，节省数据的存储空间；②具有较高的数据独立性和易扩充性；③实现数据资源的充分共享。

二、数据库管理系统

数据库管理系统（database management system，DBMS）是一种操纵和管理数据库的大型软件，用于建立、使用和维护数据库。它对数据库进行统一的管理和控制，以保证数据库的安全性和完整性。用户通过数据库管理系统访问数据库中的数据，数据库管理员也通过数据库管理系统进行数据库的维护工作。它可使多个应用程序和用户用不同的方法在同时或不同时刻去建立、修改和询问数据库。大部分数据库管理系统提供数据定义语言（data definition language，DDL）和数据操作语言（data manipulation language，DML），供用户定义数据库的模式结构与权限约束，实现对数据的追加、删除等操作。

数据库管理系统总是基于某种数据模型，可以分为层次模型（hierarchical model）、网状模型（network model）、关系模型（relational model）和面向对象模型（object oriented model）等。

数据库管理系统主要具有如下功能。

（1）数据存取的物理构建：为数据模式的物理存取与构建提供有效的存取方法和手段。

（2）数据操纵功能：为用户使用数据库的数据提供方便，如查询、插入、修改、删除等以及简单的算术运算和统计。

（3）数据定义功能：用户可以通过数据库管理系统提供的数据定义语言方便地对数据库中的对象进行定义。

（4）数据库的运行管理：数据库管理系统统一管理数据库的运行和维护，以保障数据的安全性、完整性、并发性和故障的系统恢复性。

（5）数据库的建立和维护功能：数据库管理系统能够完成初始数据的输入和转换、数据库的转储和恢复、数据库的性能监视和分析等任务。

三、数据库系统

数据库系统（data base system，DBS）是采用数据库技术的计算机系统，是由数据库（数据）、数据库管理系统（软件）、数据库管理员（datebase administrator，DBA，人员）、硬件平台（硬件）和软件平台（软件）五部分构成的运行实体。其中，数据库管理员是对数据库进行规划、设计、维护和监视等的专业管理人员，在数据库系统中起着非常重要的作用。

四、关系数据库

1. 关系数据库的概念

关系数据库是建立在关系数据库模型基础上的数据库，借助集合代数等概念和方法来处理数据库中的数据，同时是一个被组织成一组拥有正式描述性的表格，该形式表格作用的实质是装载着数据项的特殊收集体，这些表格中的数据能以许多不同的方式被存取或重新召集而不需要重新组织数据库表格。每个表格（有时被称为一个关系）包含用列表示的一个或更多的数据种类。每行包含一个唯一的数据实体，这些数据是被列定义的种类。当创造一个关系数据库时，可以定义数据列的可能值范围和可能应用于哪个数据值的进一步约束。而结构化查询语言（structured query language，SQL）是标准用户和应用程序到关系数据库的接口。其优势是容易扩充，且在最初的数据库创造之后，一个新的数据种类能被添加而不需要修改所有的现有应用软件。目前主流的关系数据库有Oracle、DB2、SQL Server、Sybase、Mysql等。

2. 关系模型

关系模型以二维表来描述数据。在关系模型中，每个表有多个字段列和记录行，每个字段列有固定的属性（数字、字符、日期等）。关系模型数据结构简单、清晰、具有很高的数据独立性。因此是目前主流的数据库数据模型。

关系模型的基本术语如下。

（1）关系：一个二维表就是一个关系。

（2）元组：就是二维表中的一行，即表中的记录。

（3）属性：就是二维表中的一列，用类型和值表示。

（4）域：每个属性取值的变化范围，如性别的域为{男，女}。

关系模型中的数据约束如下。

（1）实体完整性约束：约束关系的主键属性值不能为空值。

（2）参照完整性约束：关系之间的基本约束。

（3）用户定义的完整性约束：它反映了具体应用中数据的语义要求。

五、常用数据库产品

了解常见的数据库产品对于审计人员开展面向数据的计算机辅助审计是非常必要的。各种数据库系统都有其固定的后缀名，通过后缀名，审计人员可以初步判断出被审计单位使用的是哪一种数据库系统，这对完成审计数据采集来说是非常重要的。常见的数据文件的类型和后缀名如表 2-1 所示。

表 2-1　常见数据文件的类型和后缀名

数据文件类型	后缀名	数据文件类型	后缀名
文本文件	.txt	Sybase	.db
Microsoft Excel 97-2003	.xls	dBASE 系列	.dbf
Microsoft Excel 2007-2010	.xlsx	Paradox	.db
Microsoft Access 97-2003	.mdb	SQL Server	.mdf（主文件） .ldf（日志文件） .bak（备份文件的后缀名）
Microsoft Access 2007-2010	.accdb	Oracle	.dmp（备份文件的后缀名）

■ 第二节　T-SQL

T-SQL 是标准的 Microsoft SQL Server 的扩展，是标准的 SQL 程序设计语言的增强版，是程序与 Microsoft SQL Server 沟通的主要语言。SQL 是关系数据库系统的标准语言，标准的 SQL 语句几乎可以在所有的关系型数据库上不加修改地使用。Microsoft Access、VFP、Oracle 数据同样支持标准的 SQL，但这些关系数据库不支持 T-SQL，T-SQL 是 Microsoft SQL Server 系统产品独有的。

一、T-SQL 的组成

T-SQL 主要由以下几部分组成。

（1）数据定义语言：用于在数据库系统中对数据库、表、视图、索引等数据库对象进行创建和管理。

（2）数据控制语言（data control language，DCL）：用于实现对数据库数据完整性、安全性等的控制。

（3）数据操纵语言：用于插入、修改、删除和查询数据库中的数据。

二、T-SQL 语句结构

每条 SQL 语句均由一个谓词开始，该谓词描述这条语句要产生的动作，如 Select 或 Update 关键字。谓词后紧接着一个或多个子句，子句中给出了被谓词作用的数据或提供谓词动作的详细信息，每一条子句都由一个关键字开始。下面介绍 Select 语句的主要结构。

语法格式如下：

```
Select 子句
[into 子句]
from 子句
[where 子句]
[group by 子句]
[having 子句]
[order by 子句]
```

三、T-SQL 语句分类

T-SQL 语句的分类如下。

（1）变量说明语句：用来说明变量的命令。

（2）数据定义语句：用来建立数据库、数据库对象和定义列，大部分是以 Create 开头的命令，如 Create table、Create view 等。

（3）数据操纵语句：用来操纵数据库中数据的命令，如 Select、Insert、Update、Delete 和 Cursor 等。

（4）数据控制语句：用来控制数据库组件的存取许可、存取权限等命令，如 Grant、Revoke 等。

（5）流程控制语句：用于设计应用程序流程的语句，如 If while 和 Case 等。

（6）内嵌函数：说明变量的命令。

（7）其他命令：嵌于命令中使用的标准函数。

四、T-SQL 的运用

（一）数据定义

1. 定义基本表

采用 T-SQL 定义基本表的语法如下：

```
Create table 表名 [表约束]
列名1　数据类型[默认值1，列约束1]
列名2　数据类型[默认值2，列约束2]
⋮
列名n　数据类型[默认值n，列约束n]
```

2. 删除基本表

采用 T-SQL 删除基本表的语法如下：

```
Drop table 表名
```

3. 修改表

采用 T-SQL 修改表的语法如下：

```
Alter table 表名
[add<新列名><数据类型>[列级完整性约束条件]]
[Drop[完整性约束条件]]
[Alter column<列名><数据类型>]
```

其中，"表名"是要修改的基本表，add 子句用于增加新列和新的完整性约束条件，Drop 子句用于删除指定的完整性约束条件，Alter column 子句用于修改原有的列定义，包括修改列名和数据类型。

（二）数据操纵

1. 插入数据

插入数据语句语法如下：

```
Insert into 表名[列名 1，……]
Values（值 1，值 2，……，值 n）
```

2. 修改数据

对表中已有数据进行修改的语句语法如下：

```
Update 表名
set 列名 1=表达式 1，列名 2=表达式 2，……
where 条件
```

3. 删除数据

删除数据的语句语法如下：

```
Delete from 表名
where 条件
```

4. 表结构的修改

如在已存在的表中增加新列语句语法如下：

```
Alter table 表名 add（新列名数据类型（长度））
```

5. 表的删除

将已经存在的表删除，语句语法如下：

```
Drop table 表名
```

（三）数据查询

Select 语句在审计中应用较为广泛，这里介绍其基本语法及使用。Select 语句的基本语法如下：

```
Select [all|distinct]<目标列表达式>[，目标表达式]……
from<表名或视图名>[，<表名或视图名>]……
[where<条件表达式>]
[group by<列名1>]
[having<条件表达式>]
[order by<列名2>[asc|desc]]
```

以某公司的财务数据中的 GL_accvouch 为例来介绍 T-SQL 语句的使用，凭证表 GL_accvouch、余额表 GL_accsum、代码表 code 的表结构如表 2-2～表 2-4 所示[①]。

表 2-2　GL_accvouch 表结构（简化）

序号	字段名	类型	说明
1	i_id	整型	自动编号
2	iperiod	整型	会计期间，值范围为 1～12
3	csign	字符型	凭证类型
4	isignseq	整型	凭证类型排序号
5	ino_id	整型	凭证号
6	inid	整型	行号
7	dbill_date	日期型	制单日期
8	idoc	整型	附单据数
9	cbill	字符型	制单人
10	ccheck	字符型	审核人
11	cbook	字符型	记账人
12	ibook	整型	是否记账
13	ccashier	字符型	出纳人
14	iflag	整型	标志：null-有效凭证；1-作废凭证；2-有错凭证
15	ctext1	字符型	凭证头自定义项 1
16	ctext2	字符型	凭证头自定义项 2
17	cdigest	字符型	摘要
18	ccode	字符型	科目编码
19	cexch_name	字符型	外币名称
20	md	数值型	借方发生额
21	mc	数值型	贷方发生额
22	ccode_equal	字符型	对方科目
23	coutbillsign	字符型	外部单据类型
24	coutid	字符型	外部单据号

注：后续章节的 GL_accvouch 表的字段名与该表的相同。

[①] 学习和授课时，需要将导入"UFDATA.BA_"文件解压后还原到 SQL Server 2008 R2 中，并将还原的数据命名为"Audit"，还原过程参见本书例 4.5。

表 2-3 GL_accsum 表结构（简化）

序号	字段名	类型	说明
1	i_id	整型	自动编号（期初录入时的唯一标识）
2	ccode	字符型	科目编码（与科目主表关联）
3	cexch_name	字符型	外币币名（与外币主表关联）
4	iperiod	数值型	会计期间（1～12）
5	cbegind_c	字符型	期初余额方向（借、贷、平）
6	cbegind_c_	字符型	期初余额方向（英文）
7	mb	数值型	期初余额
8	md	数值型	借方发生额合计
9	mc	数值型	贷方发生额合计
10	cendd_c	字符型	期末余额方向（借、贷、平）
11	cendd_c_en	字符型	期末余额方向（英文）
12	me	数值型	期末余额
13	mb_f	数值型	外币期初余额
14	md_f	数值型	外币借方发生额
15	mc_f	数值型	外币贷方发生额
16	me_f	数值型	外币期末余额
17	nb_s	数值型	数量期初余额
18	nd_s	数值型	数量借方发生额
19	nc_s	数值型	数量贷方发生额
20	ne_s	数值型	数量期末余额

注：后续章节的 GL_accsum 表的字段名与该表的相同。

表 2-4 code 表结构（简化）

序号	字段名	类型	说明
1	i_id	整型	自动编号（期初录入时的唯一标识）
2	cclass	字符型	科目类别
3	ccode	字符型	科目代码
4	ccode_name	字符型	科目名称（中文）
5	ccode_engl	字符型	科目名称（英文）

注：后续章节的 code 表的字段名与该表的相同。

1. 单表查询

（1）选择表中的若干列。

①查询指定列。

SQL 语句中要注意："，"和"；"等符号必须要在英文状态下输入，否则不能正确执行。

例如，查询 GL_accvouch 中所有记录的"期间"、"凭证类型"和"凭证号"。

```
Select iperiod, csign, ino_id
from GL_accvouch
```

又如，查询 GL_accvouch 中所有记录的"科目代码"、"借方发生额"、"贷方发生额"和"对方科目"。

```
Select ccode, md, mc, ccode_equal
from GL_accvouch
```

②查询全部列。

将表中的所有属性列都选出来，有以下两种方法。

第一，在 Select 关键字后面列出所有列名。

第二，如果列的显示顺序与其在被查询表中的顺序相同，可将＜目标列表达式＞指定为"*"。

例如，查询 GL_accvouch 表中的所有记录。

```
Select*
from GL_accvouch
```

③查询经过计算的数值。

例如，查询 GL_accvouch 表中"期间"、"凭证类型"、"凭证号"、"借贷方发生额之差"。

```
Select iperiod, csign, ino_id, md-mc
from GL_accvouch
```

④指定别名改变查询结果的列标题。

例如，查询 GL_accvouch 表中"期间"、"凭证类型"、"凭证号"、"借方发生额"和"贷方发生额"。

```
Select iperiod as 期间, csign as 凭证类型, ino_id as 凭证号, md as
借方发生额, mc as 贷方发生额
from GL_accvouch
```

或者

```
Select iperiod 期间, csign 凭证类型, ino_id 凭证号, md 借方发生额, mc
贷方发生额
from GL_accvouch
```

注意：在对采集来的数据进行分析时，为了便于审计人员理解，需要把字段名称进行更改，如把用字母表示的字段变成汉字。

（2）选择表中的若干行。

①消除取值重复的行。

例如，查询 GL_accvouch 表中的凭证类型。比较以下两个 T-SQL 语句：

```
Select csign
from GL_accvouch
```

和

```
Select DISINCT csign
from GL_accvouch
```

②查询满足条件的元组：where 子句。

where 子句的条件表达式中可使用的运算符如下。

a. 算术比较运算符。

＝（等于）、＞（小于）、＜（大于）、<=（小于等于）、>=（大于等于）、<>（不等于）、！＝（不等于）、！＞（不大于）、！＜（不小于）

其中，！＝、！＞、！＜不是 ANSI 标准的运算符。

例如，查询 GL_accvouch 表中 10 月收字 2 号凭证。

```
Select*
from GL_accvouch
where iperiod = 10 and csign = '收'and ino_id = 2
```

又如，查询 GL_accvouch 表中"贷方发生额"小于 1000 的记录。

```
Select*
from GL_accvouch
where mc<1000
```

b. 确定范围。

between…and…和 not between…and…

例如，查询 GL_accvouch 表"贷方发生额"为 2000～20000 的"期间"、"凭证类型"、"凭证号"和"摘要"。

```
Select iperiod, csign, ino_id, cdigest
from GL_accvouch
where mc between 2000 and 20000
```

又如，查询 GL_accvouch 表"贷方发生额"不为 2000～20000 的"期间"、"凭证类型"、"凭证号"和"摘要"。

```
Select iperiod, csign, ino_id, cdigest
from GL_accvouch
where mc not between 2000 and 20000
```

c. 确定集合（集合成员资格确认）运算符。

in 表示查找属性值属于指定集合的元组。

not in 表示查找属性值不属于指定集合的元组。

例如，查找 GL_accvouch 表中"期间"在"10"、"11"、"12"的"期间"、"凭证类型"和"凭证号"。

```
Select iperiod, csign, ino_id
from GL_accvouch
where iperiod in ('10', '11', '12')
```

又如，查找 GL_accvouch 表中"期间"不在"10"、"11"、"12"的"期间"、"凭证类型"和"凭证号"。

```
Select iperiod, csign, ino_id
from GL_accvouch
```

```
where iperiod not in（'10'，'11'，'12'）
```
d. 字符匹配。

like 表示字符串的匹配，其一般语法格式如下：

`[not] like'<匹配串>'`

其含义是查找指定的属性列值与<匹配串>相匹配的元组。<匹配串>可以是一个完整的字符串，也可以含有通配符。T-SQL 的通配符如表 2-5 所示。

表 2-5　T-SQL 支配的通配符的描述和示例

通配符	描述	示例
%	包含零个或更多字符的任意字符	"loving%" 可以表示："loving"、"loving you"
_（下划线）	任何单个字符	"loving_" 可以表示："lovingc"，后面只能再接一个字符
[]	指定范围（[a~f]）或集合[abcdef]中的任何单个字符	[0~9]123 表示以 0~9 内任意一个字符开头，以'123'结尾的字符
[^]	不属于指定范围（[a~f]）或集合[abcdef]中的任何单个字符	[^0~5]123 表示不以 0~5 内任意一个字符开头，以'123'结尾的字符

例如，查询 GL_accvouch 表中"期间"为"10"的所有明细记录。
```
Select*
from GL_accvouch
where iperiod like '10'
```
又如，主营业务收入的总账"科目代码"为 5001，查询 GL_accvouch 表中主营业务收入的明细记录。
```
Select *
from GL_accvouch
where ccode like '5001%'
```
e. 空值。

is null

例如，查询 GL_accvouch 表中"凭证号"为空的明细记录。
```
Select*
from GL_accvouch
where ino_id is null
```
f. 多重条件（逻辑运算符）。

and，not，or（可与其他类别运算符联合使用）

例如，查询 GL_accvouch 表中"凭证类型"为"收"、"期间"为"10"的所有"借方发生额"在 10 000 以上的明细记录。
```
Select*
from GL_accvouch
where iperiod = 10 and csign like'收'and md>10000
```

（3）对查询结果排序。使用 order by 子句对查询结果按照一个或多个属性列的升序（ASC）或降序（DESC）排列，默认值为升序。

例如，查询 GL_accvouch 表中"期间"为"10"，"凭证类型"为"收"的"期间"、"凭证类型"、"凭证号"和"借方发生额"，查询结果按"借方发生额"升序排列。

```
Select iperiod, csign, ino_id, md
from GL_accvouch
where iperiod = 10 and csign like'收'
order by md
```

注意：对于空值，若按升序排列则含空值的元组显示在最后；若降序排列则先显示。

（4）使用聚合函数。聚合函数对一组值进行计算并返回单一的值，通常聚合函数会与 Select 语句的 group by 子句一同使用，在与 group by 子句使用时，聚合函数会为每一组产生一个单一值，为整个表产生一个单一组。常用的聚合函数包括 sum（求和）、avg（平均值）、min（最小值）、max（最大值）、count（项目数）、distinct（用于返回唯一不同的值）。

a. 统计元组个数。

count（[distinct|all]表达式）

例如，查询 GL_accvouch 表中"凭证类型"为"转"的记录数。

```
Select csign, count（*）
from GL_accvouch
where csign like'转'
group by csign
```

b. 计算列值的总和（此列必须是数值型）。

sum（[distinct|all]表达式）

例如，查询 GL_accvouch 表中"凭证类型"为"转"的贷方发生额合计。

```
Select csign, sum（mc）
from GL_accvouch
where csign like'转'
group by csign
```

c. 计算列值的平均值。

avg（[distinct|all]表达式）

例如，查询 GL_accvouch 表中"凭证类型"为"转"的贷方发生额平均值。

```
Select csign, avg（mc）
from GL_accvouch
where csign like'转'
group by csign
```

d. 求一列值中的最大值。

max（[distinct|all]表达式）

例如，查询 GL_accvouch 表中"凭证类型"为"转"的贷方发生额最大值。

```
Select csign, max (mc)
from GL_accvouch
where csign like'转'
group by csign
```

e. 求一列值中的最小值。

min（[distinct|all]表达式）

例如，查询 GL_accvouch 表中"凭证类型"为"转"的贷方发生额最小值。

```
Select csign, min (mc)
from GL_accvouch
where csign like'转'
group by csign
```

（5）对查询结果分组。group by 子句将查询结果表按某一列或多列值分组，值相等的为一组。

例如，查询 GL_accvouch 表中"凭证类型"及其相应的记录数。

```
Select csign, count (csign)
from GL_accvouch
group by csign
```

又如，查询 GL_accvouch 表中"凭证类型"及其相应的借方发生额合计。

```
Select csign, sum (csign)
from GL_accvouch
group by csign
```

2. 多表连接查询

多表连接查询也叫表连接查询，是指通过关联多张表，从而检索出需要的数据的方法。

例如，根据 GL_accvouch 表和 code 表查询"期间"、"凭证类型"、"凭证号"、"科目代码"、"科目名称"、"借方发生额"和"贷方发生额"。

```
Select a.iperiod, a.csign, a.ino_id, a.ccode, b.ccode_name,
a.md, mc
from GL_accvouch a join code b
on a.ccode = b.ccode
```

■ 第三节　数据库访问技术

一、常见数据库访问技术分析

数据库产品和技术发展很快，数据访问技术必须始终随着数据库产品和技术快速变化。早期的数据库连接是非常困难的，每个数据库的格式都不一样，开发者必须对他们所开发的每种数据库的底层应用程序编程接口（application programming interface，API）有深刻的了解。因此，能处理各种各样数据库的通用 API 就应运而生了，即现在的开放数据库互联（open database connectivity，ODBC），ODBC 是人们在创建通用 API 的早期产物，许多数据库遵从了这种标准。但 ODBC 并不是完美无缺的，它仍然含有大量的低级调用，开发 ODBC 应用程序仍比较困难。后来微软公司提出了一个解决方案——数据访问对象（data access object，DAO），然后，DAO 演变为远程数据对象（remote data object，RDO），再后来就是 ActiveX 数据对象（ActiveX data object，ADO）等。

为了使审计人员更好地理解数据采集的原理，灵活地掌握数据采集的方法，本节将对这些常见的数据访问技术进行简单的分析。

1. ODBC

ODBC 是微软公司开放服务结构中有关数据库的一个组成部分，它建立了一组规范，并提供了一组对数据库访问的标准 API。应用程序可以使用所提供的 API 来访问任何提供了 ODBC 驱动程序的数据库。ODBC 规范为应用程序提供了一套高层调用接口规范和基于动态连接的运行支持环境。ODBC 已经成为一种标准，目前所有的关系数据库都提供了 ODBC 驱动程序，使用 ODBC 开发的应用程序具有很好的适应性和可移植性，并且具有同时访问多种数据库系统的能力。这使 ODBC 的应用非常广泛，基本可用于所有的关系数据库。

2. OLE DB

随着数据源日益复杂化，应用程序很可能需要从不同的数据源取得数据，加以处理，再把处理过的数据输出到另外一个数据源中。更麻烦的是这些数据源可能不是传统的关系数据库，而可能是 Microsoft Excel 文件，Email、Internet/Intranet 上的电子签名信息。因此需要一种新的架构来提供这种应用和数据源之间的无缝连接，对象连接和嵌入数据库（object link and embed database，OLE DB）技术应运而生。

OLE DB 是一种数据技术标准接口，目的是提供一种统一的数据访问接口，这里所说的数据，除了标准的关系型数据，还包括邮件数据、Web 上的文本或图形、目录服务等非关系型数据。OLE DB 标准的核心内容就是要求以上这些各种各样的数据存储都提供一种相同的访问接口，使数据的使用者（应用程序）可以使用同样的方法访问各种数据，而不用考虑数据的具体存储地点、格式或类型。

ODBC 和 OLE DB 标准都是为了提供统一的访问数据接口，有人就产生了这样的疑问：OLE DB 是不是替代 ODBE 的新标准呢？答案是否定的。ODBC 标准的对象是基于 SQL 的数据源，而 OLE DB 的对象则是范围更为广泛的任何数据存储。从这个意义上说，符合 ODBC 标准的数据源是符合 OLE DB 标准的数据存储的子集。但是，符合 ODBC 标准的数据源要符合 OLE DB 标准，还必须提供相应的 OLE DB 服务程序（service provider），就像 Microsoft SQL Server 要符合 ODBC 标准，必须提供 SQL Server ODBC 驱动程序一样。现在，微软已经为所有的 ODBC 数据源提供了一个统一的 OLE DB 服务程序，称为 ODBC OLE DB Provider。

3. DAO

DAO 使用 Microsoft Jet 数据库引擎（Microsoft Jet 数据库引擎是一种用来访问 Microsoft Access 和其他数据源的记录与字段的技术）来访问数据库，是一种面向对象的界面接口。Microsoft Jet 是第一个连接到 Microsoft Access 的面向对象的接口。使用 Microsoft Access 的应用程序可以用 DAO 直接访问数据库。由于 DAO 是严格按照 Microsoft Access 建模的，所以使用 DAO 是连接 Microsoft Access 数据库最快速、最有效的方法。DAO 也可以连接到非 Microsoft Access 数据库，如 Microsoft SQL Server 和 Oracle，但是需要 Microsoft Jet 引擎解释 DAO 和 ODBC 之间的调用。

与 ODBC 一样，DAO 也提供了一组 API 供编程使用。相比较而言，DAO 类提供了比 ODBC 类更广泛的支持。一方面，只要有 ODBC 驱动程序，使用 Microsoft Jet 的 DAO 就可以访问 ODBC 数据源。另一方面，由于 DAO 是基于 Microsoft Jet 引擎的，因此在访问 Microsoft Access 数据库时具有很好的性能。

4. RDO

由于 DAO 是专门设计用来与 Microsoft Jet 数据库引擎对话的，因此需要 Microsoft Jet 数据库引擎解释 DAO 和 ODBC 之间的调用，这导致了较慢的连接速度和额外的开销。为了克服这样的限制，微软创建了远程数据对象。

RDO 作为 DAO 的继承者，它将数据访问对象 DAO 提供的易编程性和 ODBC API 提供的高性能有效地结合在一起。DAO 是一种位于 Microsoft Jet 数据库引擎之上的对象层，而 RDO 封装了 ODBC API 的对象层。RDO 没有 Microsoft Jet 数据库引擎的高开销，再加上与 ODBC 的紧密关系，使得它访问 ODBC 兼容的数据库（如 Microsoft SQL Server）时具有比 DAO 更高的性能。与 RDO 紧密关联的是 Microsoft RemoteData 控件。不过 RDO 是一组函数，而 Microsoft RemoteData 控件是一种数据源控件，它提供了处理其他数据绑定控件的能力。RDO 和 Microsoft RemoteData 控件能编程访问 ODBC 兼容的数据库，而不需要本地查询处理，如 Microsoft Jet 数据库引擎。RDO 能访问 ODBC API 提供的全部功能，但是它更容易使用。

5. ADO

DAO 与 RDO 只能处理后台为关系数据库的 DBMS，不能解决通用数据存储及通用数据访问。鉴于此，微软推出了另一个数据库访问对象模型 ADO。ADO 技术是基于 OLE DB 的访问接口，它继承了 OLE DB 技术的优点，并且对 OLE DB 的接口做了封装，定义了 ADO 对象，简化了程序的开发。开发人员在使用 ADO 时，其实就是在使用 OLE DB，不过 OLE DB 更加接近底层。ADO 是 DAO 和 RDO 的后继产物，提供比 DAO 和 RDO 更简单的对象模型。

ADO 最主要的优点是易于使用、速度快、内存支出少和磁盘遗迹小。ADO 在应用方案中使用最少的网络流量，并且在前端和数据源之间使用最少的层数，能够提供轻量、高性能的接口。

以上这几种访问技术之间的关系如图 2-1 所示。

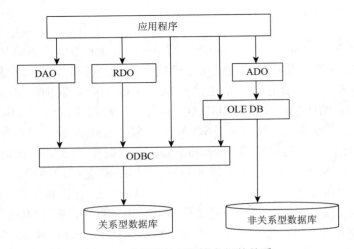

图 2-1   数据库访问技术之间的关系

二、ODBC 总体结构及其使用

1. ODBC 总体结构

ODBC 是常见的数据访问技术。审计人员在进行数据采集或访问被审计单位的数据库系统时，常常会用到 ODBC 接口，即使一些专门的审计软件也提供了通过 ODBC 接口采集被审计单位数据的功能。要使用 ODBC，先要了解以下概念：ODBC 驱动程序管理器、ODBC 驱动程序、数据源。它们都是 ODBC 的组件。ODBC 的层次结构如图 2-2 所示。

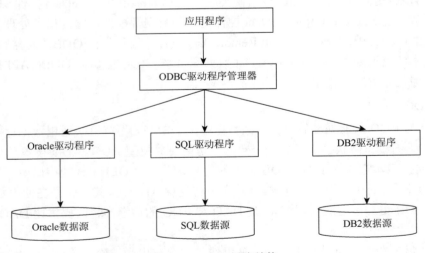

图 2-2   ODBC 层次结构

（1）ODBC 驱动程序管理器。应用程序不是直接调用 ODBC 驱动程序，而是先调用 ODBC 驱动程序管理器提供的 API。ODBC 驱动程序管理器再调用相应的 ODBC 驱动程序，这种间接的调用使得不管连接到什么数据库都可以按照一定的方式来调用。

　　ODBC 驱动程序管理器负责将适当的 ODBC 驱动程序加载到内存中，并将应用程序的请求发给正确的 ODBC 驱动程序。ODBC 驱动程序管理器代表应用程序加载 ODBC 数据库驱动程序的动态链接库（ODBC32.dll）。该动态链接库（dynamic link library，DLL）对应用程序是透明的。

　　（2）ODBC 驱动程序。ODBC 驱动程序处理从 ODBC 驱动程序管理器发送过来的函数调用，它负责将 SQL 请求发给相应的 DBMS，并将结果返回给 ODBC 驱动程序管理器。每个遵循 ODBC 的数据库应该提供自己的 ODBC 驱动程序，不同数据源的 ODBC 驱动程序不能混用。

　　（3）数据源。数据源是数据、访问该数据所需要的信息和该数据源位置的特定集合，其中的数据源位置可用数据源名称描述。例如，数据源可以是通过网络在 Microsoft SQL Server 上运行的远程数据库，也可以是本地目录中的 Microsoft Access 数据库。用户只需要用定义好的数据源名称访问数据库，而无须知道其他细节。通过应用程序，可以访问任何具有 ODBC 驱动程序的数据源，如 Microsoft SQL Server、Oracle、Microsoft Access 等。

　　数据源包含了数据库位置和数据库类型等信息，实际上是一种数据连接的抽象。各部件之间的关系如图 2-3 所示。

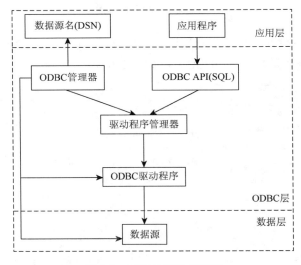

图 2-3　ODBC 部件关系图

　　应用程序要访问一个数据库，首先必须用 ODBC 管理器注册一个数据源，ODBC 管理器根据数据源提供的数据库位置、数据库类型及 ODBC 驱动程序等信息，建立起 ODBC 与具体数据库的联系。这样，只要应用程序将数据源名提供给 ODBC，ODBC 就能建立起与相应数据库的连接。

　　在 ODBC 中，ODBC API 不能直接访问数据库，必须通过驱动程序管理器与数据库交换信息。驱动程序管理器负责将应用程序对 ODBC API 的调用传递给正确的驱动程序，而驱动程序在执行完相应的操作后，将结果通过驱动程序管理器返回给应用程序。

2. ODBC 的使用

在使用 ODBC 接口访问数据库时，首先需要创建一个 ODBC 数据源，该数据源直接连接到所要访问的数据库上。一般而言，文本文件、Microsoft Excel 文件和 Microsoft Access 文件不需要设置 ODBC 数据源，通过通用软件直接访问即可，访问方法将在第五章介绍。本部分以访问 SQL 数据库为例介绍 ODBC 数据源的创建过程。

（1）在操作系统中，打开"控制面板"，如图 2-4 所示。

图 2-4　控制面板界面

（2）在图 2-4 中找到"管理工具"，打开"管理工具"，如图 2-5 所示，找到"数据源（ODBC）"，打开"数据源（ODBC）"，如图 2-6 所示。

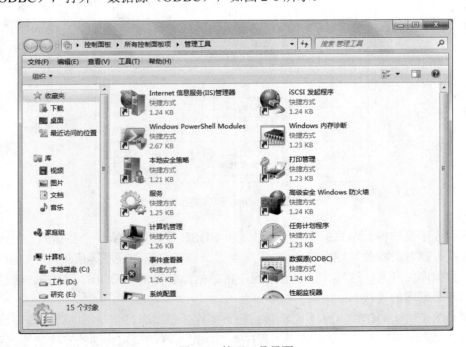

图 2-5　管理工具界面

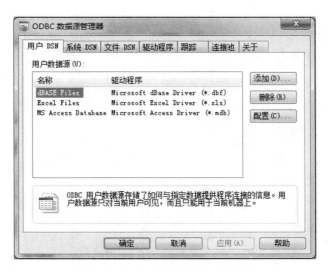

图 2-6　ODBC 数据源管理器界面

在图 2-6 中，ODBC 数据源管理器的各个选项卡的作用分别说明如下。

① "用户 DSN" 选项卡。"用户 DSN" 选项卡用于创建用户数据源。通过该选项卡创建的数据源对计算机来说是本地的，并且只能被创建它的用户使用。

② "系统 DSN" 选项卡。"系统 DSN" 选项卡用于创建系统数据源。通过该选项卡创建的数据源只在本地计算机中，但不专属于用户，此系统或其他具有权限的用户可通过系统 DSN 来使用该数据源的设置。

③ "文件 DSN" 选项卡。"文件 DSN" 选项卡用于创建文件数据源。这些基于文件的数据源可以在安装同样驱动程序的所有用户之间共享，因此，它们都具有对数据库的访问权。这些数据源不必专属于某一用户或本地计算机。

④ "驱动程序" 选项卡。"驱动程序" 选项卡用于显示已安装的 ODBC 驱动程序的相关信息。ODBC 驱动程序列表会显示计算机中已经安装的驱动程序的列表。

⑤ "跟踪" 选项卡。"跟踪" 选项卡可指定 ODBC 驱动程序管理器跟踪调用 ODBC 函数的方式。驱动程序管理器可使用的跟踪方式有：连续跟踪使用、只跟踪唯一的连接、执行动态跟踪或由自定义的跟踪 DLL 来执行跟踪。

⑥ "连接池" 选项卡。"连接池" 选项卡可以修改连接重试等候时间，以及当使用连接池时所选择的驱动的超时时间，也可以启用和禁用记录统计信息数量的 "性能监视"。

⑦ "关于" 选项卡。"关于" 选项卡用于显示 ODBC 核心组件的有关信息，包括 Driver Manager、光标库、安装程序 DLL 以及任何其他组成核心组件的文件。

（3）选择 "用户 DSN" 选项卡，单击 "添加" 按钮，如图 2-7 所示，单击 SQL Server[1]，单击 "完成" 按钮。

---

[1] 若 Windows 7 以上版本操作系统找不到驱动程序，打开 C:\Windows\Syswow64 这个目录，找到里面的 odbcad32.exe，双击打开后再添加 ODBC 数据源。

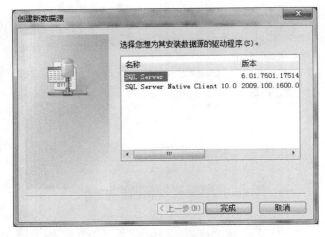

图 2-7　数据源驱动程序选择界面

（4）按照图 2-8～图 2-12 的步骤完成 ODBC 数据源新增操作。

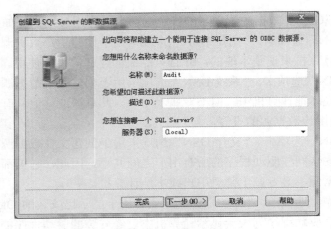

图 2-8　ODBC 数据源设置界面（一）

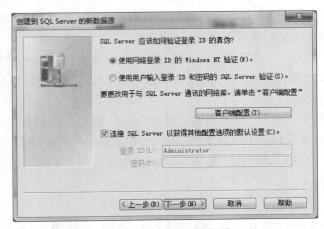

图 2-9　ODBC 数据源设置界面（二）

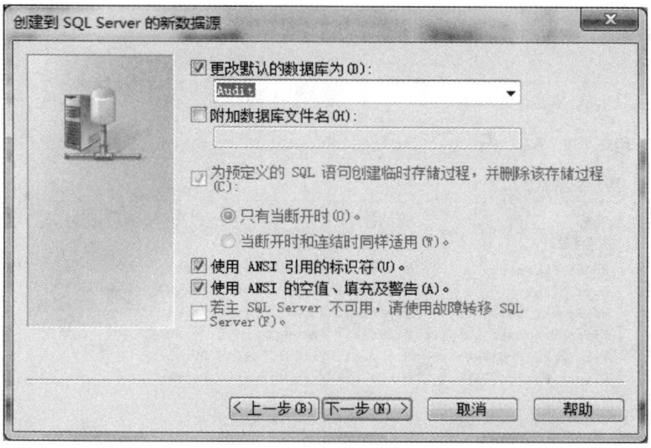

图 2-10　ODBC 数据源设置界面（三）

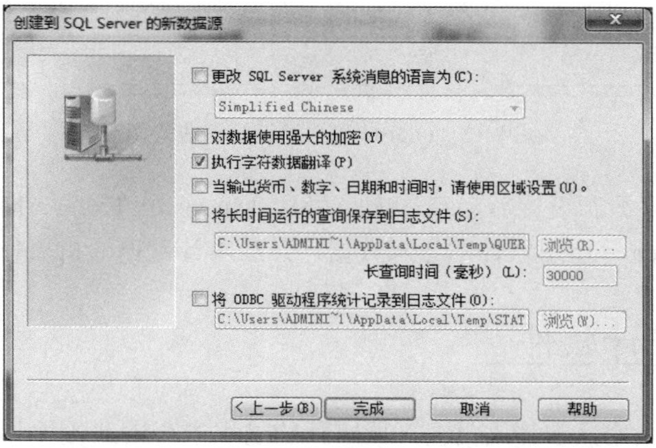

图 2-11　ODBC 数据源设置界面（四）

图 2-12　ODBC 数据源测试界面

（5）完成 ODBC 数据源设置，如图 2-13 所示。

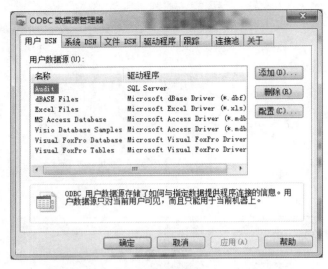

图 2-13   ODBC 数据源设置完成界面

完成 ODBC 数据源设置后，审计人员可从 Microsoft Excel、Microsoft Access 和 Microsoft SQL Server 等通用软件中导入数据，开展审计数据分析工作。

■ 第四节　审计软件

为了提高工作效率，审计人员在开展审计的过程中会用到各种各样的辅助工具。审计软件就是一类常用的计算机辅助审计工具。广义上来讲，审计软件是指用于帮助完成审计工作的软件工具。随着审计信息化建设的逐步投入，审计软件在各个行业审计中的应用也越来越广泛。

一、国外审计软件

国外审计软件包括数据采集软件、数据分析软件、内控自评估软件、风险管理/分析软件和持续监控软件五类。

数据采集软件是指在进行计算机辅助审计时用来采集被审计单位信息系统中电子数据的软件。根据 *Internal Auditor* 杂志的调查，审计人员常用的各类审计软件包括 Microsoft Excel、Microsoft Access、Microsoft SQL Server、IDEA、AO、ACL、SAP、Brio、Cognos、Impromptu、Crystal Reports、Easytrieve、Oracle、SAS 等。

数据分析软件是指在进行计算机辅助审计时用来分析采集来的被审计单位电子数据的软件。常用的数据分析软件包括 Microsoft Access、ACL、AS/400 Query、Microsoft Excel、IDEA、SAP、SAS、Oracle 等。

内控自评估软件是用来完成对被审计单位自身的内部控制情况进行评估的软件。常用的内控自评估软件包括 Microsoft Excel、OptionFinder、TeamMate、Visual Assurance、

Microsoft Word、Focus、GroupSystems 等。

风险管理/分析软件是用来对被审计单位的风险情况进行管理和分析的软件。常用的风险管理/分析软件包括 Microsoft Access、ACL、Audit Leverage、Auto Auditor、Microsoft Excel、TeamMate、Microsoft Word、Auditor Assistant、CARDmap 等。

持续监控软件是用来实现对被审计单位进行持续监控的软件。常用的持续监控软件包括 Microsoft Access、ACL、Microsoft Excel、SAS、TeamMate、BancAudit、IDEA 等。

二、国内审计软件

1. 审计软件的分类

当前的审计软件可分为以下五种类型。

（1）审计作业软件。审计作业软件是指审计人员在进行审计作业时应用的软件，如"金审工程"一期的成果——现场审计实施系统（AO）软件。审计作业软件是审计工作的主流，是审计工作的主要工具，审计作业软件的发展代表计算机辅助审计软件的发展水平。

（2）审计管理软件。审计管理软件是用来完成审计统计、审计计划等功能的审计软件，如"金审工程"一期的成果——现场审计管理系统（OA）软件。

（3）专用审计软件。专用审计软件是指为完成特殊审计目的而专门设计的审计软件，如海关审计软件、基建工程预决算审计软件、财政预算执行审计软件、银行审计软件和外资审计软件等。

（4）法规软件。法规软件主要是为了帮助审计人员在海量的各种财经法规中快速找出所需要的法规条目及内容。

（5）联网审计软件。除了以上四种类型的审计软件，为了适应联网审计的需要，近年审计署以及一些审计机关还开发了一些专门的联网审计软件，如社保联网审计软件、地税联网审计软件等。

2. 面向数据的审计软件的基本功能

目前，面向数据的计算机辅助审计的审计软件的基本功能如下。

（1）数据采集功能。审计软件应该能够访问不同结构的数据文件或数据库，能把所需的不同类型的数据采集过来，方便后面的审计数据分析。

（2）数据预处理功能。审计软件应该能够提供一些数据预处理功能，能对采集来的电子数据进行转换和清理，使其满足审计数据分析的需要。

（3）数据分析功能。审计软件应该能够提供足够的、方便灵活的数据分析方法，满足审计人员对审计数据分析的需要。

（4）其他辅助功能。审计软件的辅助功能主要为帮助审计人员完成辅助审计工作，如审计计划和审计报告编制、审计底稿和档案管理自动化、审计成本的管理等。

■复习思考题

1. 谈谈您对数据库技术应用于审计数据分析的认识。
2. 数据库访问技术对计算机辅助审计有哪些重要意义？

3. 谈谈您对 T-SQL 的认识。

4. 常见数据文件的后缀名包括哪些？如何判断打开数据文件的应用程序？

■ 实验项目

导入"实验项目数据　第二章"中的数据，还原到 SQL 数据库后完成如下查询操作。

1. 查询 GL_accvouch 中所有记录的"期间"、"凭证类型"和"凭证号"。

2. 查询 GL_accvouch 中所有记录的"科目代码"、"借方发生额"、"贷方发生额"和"对方科目"。

3. 查询 GL_accvouch 表中的所有记录。

4. 查询 GL_accvouch 表中"期间"、"凭证类型"、"凭证号"、"借贷方发生额之差"。

5. 查询 GL_accvouch 表中"期间"、"凭证类型"、"凭证号"、"借方发生额"和"贷方发生额"。

6. 查询 GL_accvouch 表中 10 月收字 2 号凭证。

7. 查询 GL_accvouch 表中贷方发生额为 2000～20000 的"期间"、"凭证类型"、"凭证号"和"摘要"。

8. 查找 GL_accvouch 表中"期间"为"10"、"11"、"12"的"期间"、"凭证类型"和"凭证号"。

9. 查询 GL_accvouch 表中期间为"10"的所有明细记录。

10. 查询 GL_accvouch 表中期间为"10"，凭证类型为"收"的"期间"、"凭证类型"、"凭证号"和"借方发生额"，查询结果按"借方发生额"升序排列。

11. 查询 GL_accvouch 表中凭证类型为"转"的记录数。

12. 查询 GL_accvouch 表中凭证类型为"转"的贷方发生额合计。

13. 查询 GL_accvouch 表中凭证类型为"转"的贷方发生额平均值。

14. 查询 GL_accvouch 表中凭证类型为"转"的贷方发生额最大值。

15. 查询 GL_accvouch 表中凭证类型为"转"的贷方发生额最小值。

16. 查询 GL_accvouch 表中凭证类型及其相应的记录数。

17. 查询 GL_accvouch 表中凭证类型及其相应的借方发生额合计。

18. 根据 GL_accvouch 表和 code 表查询"期间"、"凭证类型"、"凭证号"、"科目代码"、"科目名称"、"借方发生额"和"贷方发生额"。

第三章

审前调查与审计数据采集

➤学习目标

通过本章的学习，应当了解并掌握：

（1）审前调查的基本内容。

（2）审前调查的方法。

（3）数据需求的提出。

（4）信息系统审计的内容、方法和过程。

（5）审计数据采集过程。

第一节　审前调查

审计平台的构建包括审前调查、信息系统审计、审计数据采集和审计信息系统构建四个阶段，本章将介绍前三个阶段的任务。开展审前调查是计算机辅助审计过程的起点，是实施计算机审计项目首先需要完成的一项基础工作。审前调查做得踏实、细致与否直接影响下一步其他工作的顺利开展。

一、审前调查的基本内容

审前调查范围和内容的确定取决于审计目的。审计目的不同时，对被审计单位进行审前调查的具体范围和内容也会有所区别。在确定调查范围和内容之内，应进行全面的调查资料的收集，调查面要覆盖范围内的所有内容，对于重要的调查事项应进行深入的调查，防止审计数据采集过程中的遗漏问题或不深入问题，也避免审前调查的重复执行。

一般而言，通过审前调查获取的信息主要包括以下几个方面。

1. 被审计单位的基本情况

被审计单位的基本情况包括如下内容。

（1）被审计单位的经济性质、管理体制、机构设置、人员编制情况；财政、财务隶属关系或者国有资产监督管理关系；职责范围或者经营范围；相关的内部控制及其执行情况；重大会计政策选用及变动情况；以往接受内外部检查和审计情况等。

（2）被审计单位的主要业务流程。

2. 被审计单位的信息系统情况

被审计单位的信息系统情况包括如下内容。

（1）被审计单位信息系统的设计开发、分布使用、软硬件配置等方面的总体情况。

（2）被审计单位各财务系统、业务系统的主要功能、核算或管理内容等。

3. 被审计单位的电子数据情况

被审计单位的电子数据情况包括如下内容。

（1）被审计单位各财务系统及业务系统的数据来源、数据处理流程、数据库类型、数据量等情况。

（2）与被审计单位业务关系密切的外部关联数据的数据库类型、数据量等情况。

为保证审前调查按确定的调查范围和内容进行，并按规定收集到必要、充分的资料，审计组在调查前应制定审前调查方案，作为开展审前调查工作的依据。审前调查结束后，审计组应撰写审前调查报告，作为审前调查工作的成果性文档，记录审计组通过审前调查获取的各类必要、充分的信息。

二、审前调查方法

审计组进行审前调查之前，应与曾经参与同类审计项目的相关人员座谈，从中了解情况、学习经验和汲取教训。

审前调查可采用下列方法：①网上查询、查询行业刊物等；②查阅行业主管部门提供的行业政策、法规；③查阅被审计单位基础资料，与相关人员座谈；④发放调查表；⑤实地考察；⑥其他方法。审计人员在选择审计调查方法时，应综合考虑各方面的情况，可结合运用上述审前调查方法。

三、源数据与数据需求的提出

审计组应在审前调查的基础上提出明确的数据需求，撰写内、外部数据需求说明书，分别交予被审计单位和外部关联单位，作为被审计单位和外部关联单位提供相关数据的依据，同时是审计人员下一步进行数据采集的指南或依据。

（一）源数据及其类型

在调查了解被审计单位信息系统基本情况的基础上，全面了解审计项目中哪些数据源是确定数据需求的必要工作。此项工作直接影响到审计组提出数据需求的科学性和合理性，以及采集数据的完整性。

按照不同的标准，可对源数据的种类进行划分，具体如图3-1所示。

1. 按照源数据的性质不同，可将其划分为财务数据和业务数据

在以往的审计实践中，审计人员通常只关注被审计单位的财务数据。在计算机审计中，除了财务数据，审计人员还应当更多地关注被审计单位的业务数据，以及被审计单位

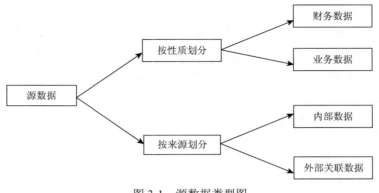

图 3-1　源数据类型图

财务数据与业务数据之间的关联关系。

　　通常来讲，业务数据是指与被审计单位财政、财务收支活动相关的经济活动的数据。以工业企业为例，审计人员不仅要了解企业的财务数据，如总账子系统、成本系统和报表子系统等的数据，也需要了解采购与付款循环子系统、销售与收款循环子系统等的数据，还需要了解财务数据与业务数据之间的关联关系。我国 ERP 软件财务数据与业务数据之间的关系如图 3-2 所示（以用友 ERP 为例）。

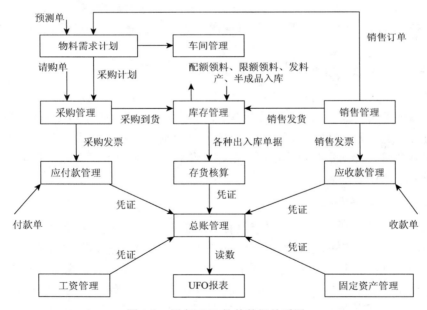

图 3-2　用友 ERP 软件数据关系图

　　2. 按照源数据的来源不同，可将其划分为内部数据和外部关联数据

　　在以往的审计实践中，审计人员通常只从被审计单位处采集数据，通常将这种来源于被审计单位内部的数据称为内部数据。而在计算机辅助审计中，不仅需要采集内部数据，还需要采集外部关联单位的数据，称为外部关联数据。

　　外部关联数据是指与被审计单位业务关系密切的，能够对被审计单位的财政、财务收支活动评价起到佐证、核实作用的外部关联单位的数据。以海关审计为例，审计人员关注的不仅是海关业务系统中存储的财务和业务管理数据，还包括港口的通知放行数据、集装箱过磅重量数据、放行结果数据、外汇管理部门的进出口收付汇核销数据、国税局的出口退税数据以及来自船舶代理公司、商检局、商务委、电子口岸等相关单位的诸多外部关联数据。

（二）数据需求的提出

在审前调查的基础上，应该能顺利提出书面的数据需求，指定采集的系统名称（必要时还应指定数据库中具体的表名称）、采集的具体方式、数据传递格式、所需数据的时间段、交接方式、数据上报期和注意事项等内容。提出审计数据需求的关键步骤如下。

1. 确定所需数据内容

首先，应在审计组内将被审计单位信息系统的相关情况进行通报，将调查所形成的书面材料分发给审计组成员阅读，并由负责具体调查工作的组员对材料进行讲解。审计组全体成员应对所需数据的内容进行讨论，再决定初步的数据需求。进行讨论是必要的，这主要是基于如下两方面的考虑：①通过讨论可以提出尽量全面、完整的数据需求，防止因考虑不周而多次、零星地提出数据需求从而延迟电子数据的获取；②通过讨论使审计组成员了解系统及数据的概况，为后面的数据分析打下基础。

2. 确定数据采集的具体方式

经过审计组讨论后，初步确定数据需求，应同被审计单位的计算机技术人员协商，从技术的角度考虑所需要的数据能否采集，以哪种方式采集更好，以及具体的文件格式、传递介质等问题。如果在发出正式的数据需求前不向计算机技术人员询问，有可能造成数据需求不合理，特别是在数据格式、数据采集方式等方面不现实或不是最佳方式，不利于数据采集工作的开展。

3. 提出书面数据需求

在确定所需数据内容和数据采集具体方式的前提条件下，审计组应发出书面的数据需求说明书。说明书的主要内容应包括以下几个方面：被采集的系统名称、数据的内容、数据格式、传递方式、时限要求、双方的责任等。在实践中，常用的方式是请被审计单位将指定数据转换为通用的、便于审计组利用的格式，也可以通过 ODBC 等方式连接，直接对数据进行采集；特殊情况下，还可以移植应用系统及数据。无论采取哪种方式，都应该以审计组的名义发出数据需求说明书，明确目的、内容和责任等事项。数据需求说明书可以消除只进行口头说明可能引起的需求不明，它能准确表达审计组的要求，并使被审计单位正确理解数据需求，从而为顺利采集数据打下基础。另外，在数据需求说明书中规定的安全控制措施、双方责任等事项还可以在一定程度上避免审计风险。

数据需求说明书可参见例 3.1 和例 3.2。

例 3.1　内部数据需求说明书范例

S 公司计算机信息系统数据说明书

S 公司：

根据《2016 年度×××审计项目计划》的要求，我事务所决定派出审计组对贵公司及所属机构 2016 年的财务报表进行就地审计。为使审计工作按审计方案顺利进行，需贵公司提供部分电子数据，现将有关情况说明如下，请贵公司给予支持配合。

一、数据需求

请提供贵公司如下电子数据：

1. 2016 年的资产负债表、利润表和现金流量表数据。

2. 总账子系统：截至 2016 年 12 月 31 日的数据库全库备份数据。

3. 销售与收款子系统：截至 2016 年 12 月 31 日的数据库全库备份数据。

4. 采购与付款子系统：截至 2016 年 12 月 31 日的数据库全库备份数据。

……

未集中于贵公司的数据，由贵公司下属子公司上报贵公司，由贵公司集中处理。

二、数据转换格式及传递方式

请将数据转换成为纯文本格式（*.txt），刻录于光盘。转换时请对数据进行初步处理，字段间应用竖线（|）分隔符分开；所有金额字段，数据中的逗号在转移中去除，处理不得影响数据的真实性、完整性和正确性。

三、安全控制措施

1. 严格履行数据交接手续，加强数据的管理，保证数据的安全，防止遗失泄密，双方应指定专人交接。

2. 所有涉及系统控制、密码口令等方面的数据资料，一律不报送。

3. 审计人员不得操作贵公司计算机信息系统。

四、数据提供时间

2017 年 2 月 21 日，审计组将组织数据采集小组到财务部备份数据，请财务部总账子系统管理员及相关业务人员予以配合。

2017 年 2 月 23 日，审计组将组织数据采集小组到销售部备份数据，请销售部销售与收款子系统管理员及相关业务人员予以配合。

……

五、其他相关事项

……

若遇其他不明事项，请速与审计组取得联系。

S 公司审计组

2017 年 2 月 10 日

例 3.2 外部关联数据需求说明书范例

T 公司数据需求说明书

T 公司：

根据《2016 年度×××审计项目计划》的要求，我事务所决定派出审计组对 S 公司及所属机构 2016 年财务报表进行就地审计。为核实该公司采购数据的情况，以进一步核实其原材料数量、采购成本的真实性，需贵公司提供部分相关电子数据，现将有关情况说明如下，请贵公司给予支持。

一、数据需求

请提供贵公司如下电子数据：

1. 贵公司 2016 年与 S 公司的所有销售记录。

……

二、数据转换格式及传递方式

请将数据转换成为纯文本格式（*.txt），刻录于光盘。转换时请对数据进行初步处理，字段间应用分号（；）分隔符分开；所有金额字段，数据中的逗号在转移中去除，处理不得影响数据的真实性、完整性和正确性。

三、安全控制措施

1. 严格履行数据交接手续，加强数据的管理，保证数据的安全，防止遗失泄密，双方应指定专人交接。

2. 所有涉及系统控制、密码口令等方面的数据资料，一律不报送。

3. 审计人员不得操作贵公司计算机信息系统。

四、数据提供时间

2017 年 2 月 26 日，审计组将组织数据采集小组到销售部备份数据，请销售部销售与收款子系统管理员及相关业务人员予以配合。

……

五、其他相关事项

……

若遇其他不明事项，请速与审计组取得联系。

S 公司审计组
2017 年 2 月 10 日

四、审前调查文档

审前调查文档主要包括审前调查方案、审前调查报告和数据需求说明书。

（一）审前调查方案

审前调查方案的主要内容包括以下几个方面：

（1）调查的对象、范围、内容和重点；

（2）应收集的重要资料的类别及获取方法；

（3）调查的组织、分工和日程安排；

（4）完成审前调查报告的时限等要求。

审前调查方案在内容与文字上应当做到简单、准确，避免累赘及含糊情况出现。

（二）审前调查报告

审前调查报告是开展审前调查工作的成果性文档。审前调查报告记录了审计人员通过审前调查获取的各类必要、充分的信息。审前调查报告是编制计算机辅助审计实施方案的重要依据之一。

（三）数据需求说明书

数据需求说明书根据提交对象的不同，可分为内部数据需求说明书和外部关联数据需求说明书，分别提交被审计单位和外部关联单位。无论内部数据需求说明书，还是外部关联数据需求说明书都应当包括以下内容：①需要采集的数据信息系统名称和功能（包括财务系统及相关业务管理系统）；②数据采集范围及方法；③数据提供时间；④双方责任；⑤其他相关事项。

在实践中，常用的方式是请被审计单位将指定数据转换为通用的、便于审计组利用的格式的间接采集方式；也可以通过 ODBC 等方式直接对数据进行采集；特殊情况下，还可以移植应用系统及数据。无论采取哪种方式，都应该以审计组的名义撰写数据需求说明书，明确目的、内容和责任等事项。数据需求说明书可以消除只进行口头说明可能引起的需求不明，能准确表达审计组的需求，并使被审计单位正确理解数据需求，为顺利获取数据奠定基础。另外，在数据需求说明书应规定安全控制措施、双方责任等事项，还可以在一定程度上避免审计风险。

■ 第二节　信息系统审计

一、信息系统审计的目标

审计目标是在一定历史环境下，审计主体通过审计活动所期望达到的理想境地或最终结果（萧应达，1991）。审计目标的确定是一种主观见之于客观的行为，是审计活动的出发点和落脚点。一方面，具体活动本身总是依存于特定的社会政治经济环境并为其服务，因此，审计目标的内容必须反映其环境的客观需要；另一方面，审计目标本身又是由认识了周围环境的客观需要的理论工作者结合其内在功能而确立的。本节将在信息系统审计目标分析的基础上，论述信息系统审计目标与信息系统规范之间的关系。

1. 信息系统审计的本质目标

没有审计，就没有受托经济责任；而没有受托经济责任，也就没有控制（Mackenzie，1966）[①]。审计是确保受托经济责任有效履行的手段……是一种保证或落实受托经济责

---

① 转引自：Flint D. Philosophy and Principles of Auditing：An Introduction. London：Malmillan Education Ltd.，1988：12.

任的控制机制（Flint，1988）。蔡春（2001）认为，审计在本质上是一种确保受托经济责任全面有效履行的特殊经济控制。因此，审计的本质目标就是确保受托经济责任的全面有效履行。信息系统审计是现代审计功能的拓展，尽管审计对象是信息系统，仿佛与受托经济责任履行相去甚远，但是信息系统是与信息加工、信息传递、信息存储以及信息利用等有关的系统，信息系统所产生的信息是为组织发展服务的。随着信息技术在社会经济中的应用，为更好地履行受托经济责任，开展财务报告审计、绩效审计、环境审计等，对财务报告等信息产生的载体进行审计变得十分重要。信息系统审计与财务报表审计、环境审计等的关系如同生产产品的机器与产品一样，对生产产品的机器进行维修，其最终目标是生产更好的产品。信息系统审计的本质也是一种控制活动，其目的在于保证对信息系统的资产保全责任以及对信息系统运行效率等受托责任的全面、有效履行。信息系统审计过程是一个控制过程。信息系统审计人员将收集的有关被审计单位信息系统运行活动的数据，与已有的相关内部控制规定以及其他法律规范或者手工处理的结果等进行比较，来判断被审计单位是否在信息系统中嵌入了非法的内部控制措施，是否对计算机硬件、软件等资产履行了保全责任等，并将结果及时传递给管理当局、政府部门与社会公众。通过管理当局的控制活动、政府部门的监督活动以及社会公众舆论监督等对被审计单位的行为施加影响，以实现对被审计单位的经营管理过程的控制。因此，作者认为信息系统审计的本质目标仍然是确保受托经济责任的全面有效履行。

2. 信息系统审计的具体目标

信息系统审计的具体目标随着周围客观政治经济环境的变化而变化，随着审计对象以及人们主观认识程度的提高而提高。对于信息系统审计的具体目标，国内外学者或机构不存在统一的观点。ISACA 认为信息系统审计的具体目标是确定资产得到适当保护，且数据完整、可靠和有效等。Strous（1998）认为信息系统审计的目标是对信息系统的可靠性、安全性、效果性和效率性进行独立无偏的评价。吴沁红（2002）认为信息系统审计的目标是对被审计单位计算机信息系统的安全性、可靠性、有效性和效率性发表审计意见并提出改进意见。Wulandari（2003）认为信息系统审计的目标是评估和报告系统内部控制、效率性、经济性以及安全性等。刘汝焯等（2012）将信息系统审计的目标细化为以下三个方面：①评价电子数据的真实性、完整性；②分析信息系统的薄弱环节；③发现信息系统的非法功能和漏洞。唐志豪（2007）认为信息系统审计的总体目标是对与信息系统审计相关的受托经济责任的全面、有效履行做出合理保证，具体审计目标包括行为责任目标与报告责任目标两个方面。庄明来等（2008）认为信息系统审计的目标就是对被审计单位信息系统的安全、可靠、有效和效率以及能否有效地使用组织资源、实现组织目标发表意见。中国于2008 年颁布的《第 2203 号内部审计具体准则——信息系统审计》认为信息系统审计的目的是通过实施信息系统审计工作，对组织是否达成信息技术管理目标进行综合评价，并基于评价意见提出管理建议，协助组织信息技术管理人员有效地履行其受托责任以达成组织的信息技术管理目标。陈耿等（2009）认为信息系统审计的目标包括真实性、完整性、合法性、安全性、可用性、可靠性、保密性、效果、效率和效益。张金城等（2009）认为信息系统审计的目标包括保护资产的完整性、保证数据的准确性、提高系统的有效性和提高系统的效率性。信息系统审计从本质上讲是确保受托经济责任全面履行的特殊经济控制制度。虽然不同的学者或机构对信息系统审计目标所涵盖的内容持不同的观点，但信息系统审计的目标取决于受托经济责任的分解，如图 3-3 所示。

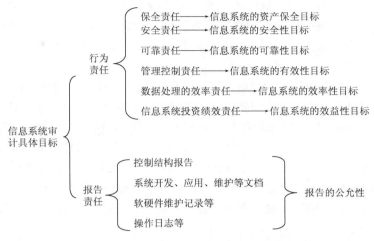

图 3-3　信息系统审计的具体目标

　　信息系统审计的受托经济责任包括行为责任和报告责任两个方面。由图 3-3 对信息系统所肩负的受托经济责任进行分解，其具体审计目标也可分解为信息系统的资产保全、安全性、可靠性、有效性、效率性、效益性目标以及报告公允性目标，值得关注的是信息系统审计的资产保全目标与效益性目标。随着企业的信息化以及电子政务的推进，信息系统已经成为企业的一项重要资产，对信息系统这项特殊资产的保全责任也变得越来越重要。与此同时，"索洛生产率悖论"[①]使人们对"信息技术给组织增加了哪些价值"这个问题有了越来越多的认识，也更加关注信息系统的效益性目标。正如前所述，信息系统审计的目标也是随着周围客观政治经济环境的变化而变化的。对信息系统这项特殊资产的保全目标以及效益性目标也将会变得越来越重要。

二、信息系统审计内容

　　由于审计的具体目的不同，审计的内容也有所不同，但总体来说，信息系统审计主要包括信息系统内部控制审计、信息系统生命周期审计、信息系统安全审计和信息系统软硬件审计等内容。

（一）信息系统内部控制审计

　　信息系统内部控制是为了保证信息系统的有效性、可靠性和安全性，提高信息系统

---

　　① 20 世纪 80 年代末，美国学者查斯曼（Strassman）调查了 292 个企业，结果发现了一个奇怪的现象，这些企业的信息技术投资和投资回报率（return on investment，ROI）之间没有明显的关联。1987 年获得诺贝尔经济学奖的罗伯特·索洛将这种现象称为"生产率悖论"（productivity paradox）："我们到处都看得见计算机，就是在生产率统计方面看不见计算机（computers everywhere except in the productivity statistics）。"即虽然企业在信息技术方面投入了大量的资源，然而从生产率的角度看，收效甚微。

的运营效率，确保信息准确、完整、可靠，有效保护信息资产，利用各种手段和技术，对信息系统实施的管理和控制过程。信息系统控制的对象是计算机信息系统，由计算机硬件和软件资源、应用系统、数据和相关人员等要素组成。信息系统内部控制审计是对信息系统各项内部控制措施的健全性和有效性进行审查与评价。只有健全有效的内部控制，才能确保信息系统安全、可靠、有效运行。因此，信息系统内部控制审计是信息系统审计的主要内容。

信息系统内部控制审计包括一般控制审计和应用控制审计。一般控制审计的内容包括规划与组织控制审计、系统开发控制审计、软硬件控制审计、安全控制审计、操作控制审计、数据资源控制审计、系统维护控制审计和灾难恢复控制审计。一般控制审计的目标在于确认对系统规划、组织、开发、软件硬件控制、安全控制、操作控制、数据资源控制以及系统维护控制等制度实现有效设计和有效实施。应用控制审计的内容包括输入控制测试、处理控制测试和输出控制测试。应用控制审计的目标一般包括：确定应用控制是否恰当、准确与完整；确定应用控制是否有效执行；确认系统是否保留充分的审计线索。

（二）信息系统生命周期审计

信息系统的生命周期包括系统规划、系统分析、系统设计、系统实施、系统运行与维护五个阶段。系统开发的每个阶段都需要形成一套文档，成为关于系统开发质量的审计证据。同时，信息系统生命周期又可分为系统开发和系统运行维护两大阶段，因此信息系统生命周期审计分为系统开发审计和系统交付投入运行后对应用系统及系统维护的审计。

系统开发过程的审计目标一般包括：确定各项系统开发活动是否完全遵循既定的政策与规划；确定系统开发的各个阶段是否都经过严格审核与批准确认；确认系统文档是否准备完整，便于审计和维护活动的开展；确认系统实施之前是否经过全面测试，而不存在重大错误和舞弊；确定系统开发过程是否实施了有效的全面质量控制。

应用系统审计的目标一般包括：确定应用系统的各项处理功能是否正确有效；确认应用系统的控制是否健全有效；确认应用系统是否及时正确维护。

系统维护审计的目标一般包括：确定是否有维护计划，维护工作是否得到负责人的批准，系统是否按照维护计划进行了维护；确认是否存在未经授权擅自修改或更改系统的问题；确定维护工作是否保护了应用程序，并保护程序库不受非法访问；确定系统维护后是否经过充分测试，用户是否参与了系统维护后的测试工作；确定是否对每一次维护工作都有详细的记录；确定系统维护后文档资料是否及时更新。

（三）信息系统安全审计

信息系统安全审计是对被审计单位的信息系统安全控制体系进行全面审查与评价，确认其是否健全有效，确保信息系统安全运行。信息系统安全审计的目的在于确认被审计单位的各项信息系统安全控制措施是否健全，确认信息系统的安全控制措施是否有效执行，确认审计单位的信息系统安全策略与程序是否能最大限度地降低信息系统的安全风险。

（四）信息系统软硬件审计

信息系统软硬件不仅是信息系统运行的基础设施，也是信息技术应用的核心，因此，对于软硬件的获取、管理和维护必须高度重视，并且要对信息系统软硬件的获取、管理和维护实施审计。信息系统软硬件审计主要包括软硬件获取审计、软硬件管理审计和软硬件维护审计。信息系统软硬件审计的目的在于确认被审计单位的软硬件使用与管理政策是否合理，确认所使用的软件是否经过授权，确认软件灾难恢复计划是否合理与切实可行，确认被审计单位是否创建软硬件管理计划。

三、信息系统审计方法

（一）黑箱法

1. 黑箱法的基本原理

黑箱法是指一个系统内部结构不清楚或根本无法弄清楚时，从外部输入控制信息，使系统内部发生反应后输出信息，再根据其输出信息来研究其功能和特性的一种方法。审计人员把计算机信息视为一个"黑箱"，不探究被审计单位信息系统的应用程序和逻辑，只对该系统的输入和输出结果进行审查核对，从而间接评价被审计单位系统的应用程序和逻辑的正确性。审计人员在采用黑箱法进行审计时，不依赖有关应用程序内部逻辑的具体知识，而是通过审阅信息系统流程图和询问被审计专业人员来了解信息系统的功能与程序，并对信息系统程序的输入和输出结果进行核对，证实信息系统的输出是否满足功能要求。黑箱法的基本原理如图3-4所示。

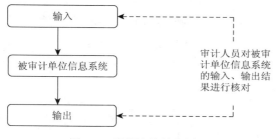

图 3-4　黑箱法的基本原理

2. 黑箱法的优缺点

黑箱法的优点如下。①从被审计单位来看，黑箱法不触及信息系统开发和程序的核心代码，只对输入和输出进行核对，容易被审计单位接受。②从审计人员自身来看，由于黑箱法对计算机水平要求不高，无须学习高深的程序设计语言方面的知识，更有利于审计人员开展审计活动。

黑箱法的缺点如下。①黑箱法的应用范围有限，不适合复杂的信息系统应用程序。复杂的信息系统输入输出有多种方式，有的已经实现了自动化的数据输入和输出。例如，在电子商务信息系统中，电子商务的业务单据会被实时传输到会计信息系统中进行处理，两种系统之间并没有明显的数据输入和输出过程。在这种情况下，如果再采用黑箱法进行处理，审计质量和效率就会受到影响。②黑箱法并不能实现所有的信息系统审计目标。例如，信息系统的可维护性，由于可维护性涉及系统自身模块化的程度、简明性和一致性，通过单纯的审计输入输出并不能达到审计目标，所以在这种情况下不宜采用黑箱法进行审计。

3. 黑箱法的适用条件

一般而言，黑箱法适用于下列情况。

（1）被审计单位信息系统的应用批处理系统。所谓批处理是将程序事先写好并在计算机上进行批处理。批处理系统往往是手工系统的简单翻版，一般来说，具有处理业务固定、处理逻辑简单的特点。批处理系统的主要处理方式是对输入数据进行分类并排序更新主文件，系统中有着清晰的审计线索并采用传统的方式进行控制，出现错误概率小，比较适用于黑箱法。

（2）被审计单位信息系统的应用软件是通用软件。通用软件的特点是已经被广泛使用并经过严格测试，在信息系统的安全、可靠性等方面具有一定的保证。在这种情况下，审计人员可以不对被审计单位的信息系统进行直接测试，可以采用黑箱法。

（二）白箱法

1. 白箱法的基本原理

白箱法是在输出和输入之间的研究方法，是如一个透明的玻璃盖子一样明确处理涉及问题的思维方法。在信息系统审计中，白箱法是指审计人员通过信息系统程序内部逻辑的深刻理解，利用已知的变量实施详细测试，并将获得的结果与计算机结果进行客观比较的技术方法，其原理如图 3-5 所示。采用这种方法，审计人员不仅要深刻理解信息系统的内部逻辑，而且要能对信息系统内部控制功能加以直接测试。这就要求审计人员具备较高的计算机程序语言水平，并会使用计算机辅助测试工具。

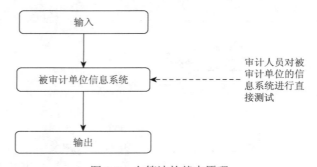

图 3-5　白箱法的基本原理

2. 白箱法的优缺点

白箱法直接对应用程序逻辑进行测试，能比较深入地对被审计单位的信息系统进行审查，易于查出比较深层次的问题，为审计结果的形成提供科学、客观的证据。但由于采用白箱法进行审计需要对被审信息系统的内部控制工作机制进行深入了解，需要掌握较多的信息系统，对审计人员的知识结构要求比较高，所花费的审计资源也比较多，因此目前在我国审计实务界推广白箱法尚存在诸多困难。

3. 白箱法的适用条件

一般而言，白箱法适用于下列情况。

（1）信息系统没有明显的输入与输出。随着信息系统的发展，信息系统之间出现整合的趋势。例如，在 ERP 系统中，财务、业务、物流、人力资源等各个系统之间是高度集成的，各系统可以从其他系统中直接获取有关的数据，同时将本系统产生的数据自动传递给其他相关系统，实现了系统间数据的无缝连接。在互联网出现以后，这种相互融合的趋势进一步扩展到组织外部。例如，企业可以通过互联网实现与供应商和客户，甚至税务、工商等国家部门的联网，实现信息共享和直接的数据交换。在这种整合的系统中，单个系统与其他系统之间的界限变得有些模糊，手工输入和纸质输出情况减少，系统之间自动数据交换增加。在这种情况下，就不能再使用黑箱法进行审计，而是采用白箱法对信息系统的应用逻辑进行审计。

（2）实现信息系统本身的目标需要采用白箱法。黑箱法不能实现信息系统所有审计目标，如信息系统的可扩展性、可维护性等。要实现信息系统本身的目标，必须对信息系统开发设计的情况、程序模块的耦合性、程序语言的编写是否符合规范等进行审查，因此需要运用白箱法进行测试。

（3）信息系统中存在重要的控制程序时。在信息系统一些重要的模块中，为了能对信息系统数据进行控制，往往设定了一些重要的控制程序。对于这些重要的控制程序，如果只对输入输出进行核对，不能全面反映控制程序的执行情况。在这种情况下，应采用白箱法对控制程序进行直接审查。

四、信息系统审计过程

科学、合理的信息系统审计流程是顺利实施信息系统的关键。信息系统审计的步骤与普通审计的步骤基本相同。审计过程一般可划分为审计计划阶段、审计实施阶段和审计完成阶段。本节着重介绍信息系统审计各阶段的工作特点。

（一）审计计划阶段

信息系统审计的计划阶段是整个审计程序的重要环节，这个阶段是整个审计过程的基础阶段。准备工作做得越全面、具体和细致，就越能为审计实施阶段创造一个良好的开端。根据信息系统审计的特点，审计计划阶段的工作主要有以下几个方面。

1. 明确审计任务

先要明确信息系统审计的目的和范围，如审计什么样的问题，是什么类型的审计等，但最主要的还是了解信息技术将在这次审计任务的哪些方面发挥作用。

2. 组建信息系统审计组

当审计任务确定后，应根据任务的繁重程度，配备信息系统审计人员，成立信息系统审计组。审计组中应有信息技术人员，应选择审计技术业务较强的审计人员担任主审和审计组负责人，必要时可邀请被审计单位的内部审计人员参与信息系统审计。

3. 了解被审系统的基本情况

信息系统审计组成立后，应对被审计单位信息系统的基本情况进行进一步的调查与了解，为拟定信息系统审计方案打好基础。应着重了解被审计单位信息系统的如下内容。

（1）硬件设备，包括主机的机型、所配置的外围设备和辅助设备等。

（2）系统软件，包括所选用的操作系统、数据库管理系统等。

（3）应用软件，包括软件的取得方式，是购买的商品化软件，还是单位自行开发的软件，以及软件的主要功能和模块结构。

（4）文档资料，包括系统的操作手册、维护手册、系统和程序的框图等。

（5）根据了解的情况，决定需要测试的项目，是否需要聘请信息技术专家参加系统的审计，准备采用哪些信息技术审计技术，是在被审计单位的计算机上进行审计，还是在审计人员自己的计算机上进行审计，被审计单位的计算机与审计人员的计算机是否兼容等。

4. 制定信息系统审计方案

调过调查了解，在熟悉和掌握被审计信息系统的基础上，确定信息系统审计的范围和重点，拟定信息系统审计方案。信息系统审计方案包括如下内容。

（1）被审计单位和被审计单位系统的名称与概况。

（2）信息系统审计的范围和重点。

（3）审计实施步骤和时间安排。

（4）审计方式。

（5）人员分工。

（6）运用的信息系统审计方法。

（7）审计实施注意事项等。

5. 发出审计通知书

审计通知书是审计机关对被审计单位进行审计的书面通知，也是信息系统审计组进驻被审计单位执行审计任务、行使审计监督权的依据和证件。审计通知包括如下基本内容。

（1）被审计单位及审计项目名称。

（2）审计目的及审计范围。

（3）审计时间。

（4）被审计单位应提供的具体资料和其他必要的协助。

（5）审计小组名单。

（6）审计机构及其负责人的签章和签发日期。

（二）审计实施阶段

审计实施阶段是在上述各项准备工作就绪后，审计人员到达被审计单位进行具体工作的阶段。其主要任务是：按照信息系统审计方案所确定的审计内容、范围、重点和方式等要求，采用相应的审计方法，查明情况，对取得的各种证据，进行鉴别、分析，判明是非和问题的性质，做出客观公正的评价，并酝酿处理意见和改进建议，其主要工作环节如下。

1. 对被审计系统的内部控制进行健全性调查和符合性测试

对内部控制制度进行调查和测试是现代审计区别于传统审计的重要特征之一，是对账表单证或数据文件进行审计的前提和基础。对内部控制制度的测试应在调查的基础上进行。审计人员一般可以通过与被审计单位有关人员座谈、实地观察、查阅系统的文档资料，并跟踪若干业务处理的全过程，了解被审计信息系统的处理过程和内部控制，然后把它描述出来。常用的内部控制描述方法有书面描述、内部控制问卷、流程图。

在了解和描述被审计单位系统内部控制后，审计人员要对系统关键的控制功能进行测试，以验证被审计单位信息系统的控制功能是否恰当、有效。对信息系统手工控制的测试，可采用手工测试方法，如询问、观察、调查、查阅有关文件等。填写控制测试表是对内部控制测试的基本方法之一。信息系统控制测试表可分为基本表和附加表两种类型。基本表又称为通用表，是审计人员在总结多家单位信息系统基本情况的基础上形成的，具有较强的通用性，可满足被审计单位信息系统的初步测试（刘汝焯等，2012）。除基本表的测试内容外，审计人员还可以根据被审计单位的特点和审计目标，设计针对性较强的附加表测试信息系统的内部控制。除利用填写控制测试表测试被审计单位信息系统的内部控制外，还需要利用计算机辅助技术进行测试。

通过调查与测试，最后对被审计单位信息系统的内部控制进行评价。评价主要考虑以下三个方面的问题。

（1）经过测试，被审计单位信息系统现行的内部控制制度中有哪些满意或比较满意的控制制度。

（2）各项控制制度是否确实发挥作用，其符合程度如何。

（3）各项控制制度是否可以依赖，其符合程度如何。

2. 对账表单证或数据文件的实质性审查

在信息系统审计中，实质性审计的目的与手工审计一致，都是要通过审计以证实被审计单位信息系统的真实性与合法性。实质性审计的重要和范围由审计人员对被审计单位信息系统内部控制制度的审查和评价决定。如果被审计单位信息系统内部控制是健全有效的，则可减少实质性审计的范围和数量，反之，应扩大实质性审查的范围和数量。

在信息系统审计中，许多实质性的审查工作与手工审计相同，都要进行检查、取证、分析和评价，如进行账证、账账、账表和账实核对，复核各种计算，如折旧计算、成本计算、利息计算等，对账务报表进行分析等。所不同的是，上述工作主要是由计算机来完成，审计人员可通过审计软件或被审计单位信息系统的查询、分析等模块进行实质性审查。

（三）审计完成阶段

审计完成阶段是总结审计工作，写出审计报告，出具审计意见书，做出审计决定的阶段，其主要工作包括以下几个方面的内容。

1. 整理归纳审计资料

首先编出资料目标，将计算机输出资料和审计组的工作底稿以及旁证材料，按审计项目、内容进行整理。对这些资料进行进一步的分析，看证据是否齐全，能否说明问题，缺少什么样的材料，补充什么样的材料。然后把审计资料装订成册，作为编写审计报告的依据，同时也便于存档。

2. 撰写审计报告

审计报告主要是对信息系统审计结果的综合归纳，由审计组撰写。在审计报告中，应着重说明采用了哪些计算机辅助审计技术，发现了哪些问题，尤其是对会计信息系统的审计问题，若发现程序的控制和处理功能不符合财政部颁发的《会计核算软件基本功能规范》，应在审计报告中说明，并建议被审计单位进行改进。审计报告初稿完成后，在征求被审计单位的意见后，报审计机关审定。

3. 做出审计结论和决定

这是审计机关对审计报告经审计会议审定后，向被审计单位及其主管部门发出的具有指令性的文件，被审计单位应按审计决定的要求，做出改进处理，并将改进结果报告审计机构。

4. 审计资料归档和管理

审计任务完成后，为了便于今后查考或复审，按照谁审谁主卷的原则，除必须将审计工作的所有纸质资料归类存档外，还必须把审计资料分别保存在移动硬盘等存储介质上，并按文件保管要求进行保管。

■ 第三节　审计数据采集

本章在第一节和第二节分别阐述了如何进行计算机辅助审计的审前调查和信息系统审计，以及如何在此基础上提出数据需求，这为审计数据采集奠定了坚实的基础。2006年修订的《中华人民共和国审计法》为审计数据采集提供了法律依据，在《中华人民共和国审计法》第三十一条中规定：审计机关有权要求被审计单位按照审计机关的规定提供预算或者财务收支计划、预算执行情况、决算、财务会计报告，运用电子计算机储存、处理的财政收支、财务收支电子数据和必要的电子计算机技术文档，在金融机构开立账户的情况，社会审计机构出具的审计报告，以及其他与财政收支或者财务收支有关的资料，被审计单位不得拒绝、拖延、谎报。被审计单位负责人对本单位提供的财务会计资料的真实性和完整性负责。

一、审计数据采集理论

（一）数据采集的原理

审计数据采集是在审前调查提出数据需求的基础上，按照审计目标，采用一定的工具和方法对被审计单位信息系统中的数据库（文件）进行采集的工作。

（二）数据采集的特点

数据采集是计算机数据审计的首要前提和基础，具有明确的选择性、目的性、可操作性和复杂性。

1. 选择性

选择性是指审计人员只采集与审计需求相关的数据。审计人员在进行审计数据采集工作之前，必须认真学习和研究本次审计工作方案中的审计范围、审计内容及审计重点，结合审前调查所提出的数据需求，确定本次计算机数据审计的数据采集范围、采集内容以及采集重点。尤其是当审计人员面临海量电子数据时，在不能完全采集的情况下，采集数据必须要做到有的放矢，减少审计数据采集工作的盲目性，以提高审计数据的采集效率。

2. 目的性

目的性是指数据采集是为进行数据分析、发现审计线索、构建审计中间表准备的。为了完成面向数据的计算机辅助审计，首先需要采集被审计对象计算机信息系统中的数据，即审计数据采集；然后根据对这些数据的分析和理解，将其转换为满足审计数据分析需要的数据形式，即审计数据预处理，从而发现审计线索，获得审计线索，即审计数据分析处理。由此可见，数据采集是开展面向数据的计算机辅助审计的首要步骤。

3. 可操作性

可操作性是指审计人员在进行数据采集时，需根据被审计单位的实际情况制定最合理的数据采集方案。实现数据采集的技术和方法多种多样，在完成数据采集任务时，需要根据被审计单位的具体情况，采取最佳的数据采集方案，以降低审计成本和审计风险。例如，采集银行的底层电子数据，不能选择白天去采集，通常会选择凌晨两点以后，银行业务较少的时间去采集。

4. 复杂性

信息化环境下，被审计单位的信息化程度差异较大，一些小的单位多采用一些自己开发的软件，数据库系统也一般采用单机的，如 Microsoft Access、Foxpro 等，而一些重要的单位，如银行等部门，信息化程度高，采用的软件系统和数据库系统层次也较高，数据系统多采用 Oracle 数据库。有的单位甚至使用非正版软件，软件部分功能不能使用，不能备份数据库，从而不能容易地采集数据。被审计单位信息化程度的差异造成了审计人员在数据采集过程中不能采用同一种数据采集方法，必须根据被审计单位的实际情况，选择合适的数据采集方法，从而造成了数据采集的复杂性。

（三）数据采集的主要步骤

在实际的面向数据的计算机辅助审计过程中，数据采集可以归纳为几个不同的主要步骤，如图 3-6 所示。制定数据采集方案是指制定审计数据采集方案、选择数据采集方法工具。完成数据采集是指根据数据采集方案，获得所需要的审计数据。数据验证是指对获得的数据进行理解和检查，以确保采集到的数据质量符合要求。

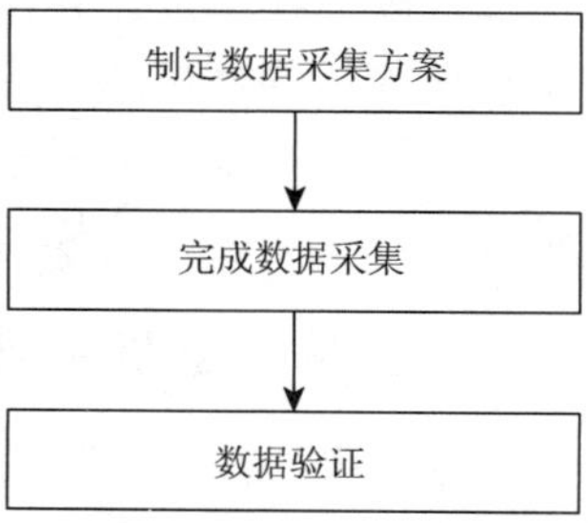

图 3-6　数据采集的主要步骤

在数据采集过程中，由于电子资料比纸质资料更容易被篡改，并且难以发现篡改的痕迹，因此为了降低实行计算机辅助审计的风险，必须建立电子数据承诺制，即要求被审计单位保证所提供电子数据的真实性和完整性。

（四）数据采集的方法

通常来讲，审计数据采集方法主要包括以下四种。

1. 直接复制

当被审计单位信息系统的数据库系统与审计软件使用的数据库系统相同，或者虽不相同，但审计软件的数据库引擎可以直接访问被审计单位信息系统的数据库时，只需要直接将被审计对象的数据采集到审计人员的计算机中即可，该方法称为直接复制，如文本文件、Microsoft Excel 文件和 Microsoft Access 文件等，可采用直接复制的方式，将被审计单位的数据采集到审计人员的计算机中。

2. 通过中间文件采集

通过中间文件采集是指被审计单位按照审计要求，将原本不符合审计软件要求的数据转换成与审计软件要求相一致的格式提供给审计人员。对于一些比较敏感的系统，审计人员不便于直接接触其系统和相关资料，可以在审计人员的监督下，由被审计单位技术人员将其数据转换为标准格式数据或审计人员指定格式的数据，交给审计人员。

在数据采集过程中，通常以文本文件的格式作为约定的格式。这主要是考虑到大多数数据库管理系统能导出和导入文本文件，应用范围广泛。审计人员在计算机辅助审计的实践中，经常会通过文本文件导入数据，所以掌握文本文件的导入是十分必要的。

3. 通过 ODBC 接口采集

通过 ODBC 接口采集数据是指审计人员通过 ODBC 数据访问接口直接访问被审计单位的信息数据，并把数据转换成审计所需的格式。

4. 通过专用模板采集

一些审计软件针对不同的被审计系统设计了相应的"专用采集模板"，审计人员在进行数据采集时，通过选择相应的模板，可以自动实现数据的采集，这种方式称为通过专用模板采集。

通过专用模板采集的优点是使用简单，自动化程度高，对审计人员的技术水平要求不高；缺点在于审计软件必须为每一个被审计对象设计一个专用模板。由于目前被审计单位所使用的软件各种各样，很难为每一款软件以及相应的各种版本设计相应的模板，这使得模板采集法的成本相对较高。审计人员在实际工作中，应根据被审计单位的实际情况，有模板时采用模板，没有模板时再用其他方法。

二、审计数据采集应用实例

审计人员在采集数据时，可根据审计任务的需要、采集文件的数据类型以及被审计单位的实际情况，采集被审计单位的审计数据。由于文本文件、Microsoft Excel 数据文件和 Microsoft Access 数据文件的采集可采用直接复制的方式，因此不再赘述，本部分主要介绍如何采集 Microsoft SQL Server 2008 R2 数据库中的数据和如何通过专用模板采集数据。

（一）采集 Microsoft SQL Server 2008 R2 数据库中的数据

例 3.3　将 Microsoft SQL Server 2008 R2 中的数据库"Audit"[①]采集到中间文件"UFDATA"中。

（1）打开 Microsoft SQL Server 2008 R2。

（2）选择"开始"→"所有程序"→"Microsoft SQL Server 2008 R2"→"SQL Server Management Studio"，打开连接到服务器界面，如图 3-7 所示。服务器类型选择"数据库引擎"，服务器名称选择本机计算机名称（本例为"ITAuditing"），身份验证选择"Windows 身份验证"（用户必须以管理员身份登录操作系统），单击"连接"按钮。

图 3-7　连接到服务器界面

（3）在 Microsoft SQL Server 2008 R2 左侧窗口中找到"对象资源管理器"，依次通过"ITAuditing"→"数据库"，找到"Audit"数据库，如图 3-8 所示，然后右击"Audit"，在弹出的菜单中依次选择"任务"→"备份（B）"，进入如图 3-9 所示的备份数据库界面。在备份数据库窗口中选择备份数据库"Audit"并设置备份文件名称，单击"确定"按钮，则可完成审计数据采集到中间文件的工作。

（二）采用专用模板采集数据

为了有效采集审计数据，国内外软件开发公司开发了一系列审计软件，这些审计软

---

① 学习和授课时，需要将导入的"UFDATA"文件解压后还原到 Microsoft SQL Server 2008 R2 中，并将还原的数据命名为"Audit"，还原过程参见本书第四章第二节。

图 3-8   对象资源管理器界面

图 3-9   备份数据库界面

件中存在大量的专用模板，可以很便捷地帮助审计人员完成审计数据采集工作。本部分将通过实例介绍审计人员如何将被审单位的数据采集到"审计数据采集分析 2012"中来。

例3.4 将 Microsoft SQL Server 2008 R2 数据库"Audit"[①]中的凭证余额表 GL_accsum 导入数据库"New_Audit"中。

（1）打开"审计数据采集分析 2012"，依次单击"项目组"→"选择项目组"，打开新建/打开项目组界面，在该窗口中录入服务器名称和数据库"New_Audit"后，单击"确定"按钮，如图 3-10 所示。

图 3-10 新建/打开项目组界面

（2）依次单击"项目"→"新建项目"，得到如图 3-11 所示的界面，在"项目管理

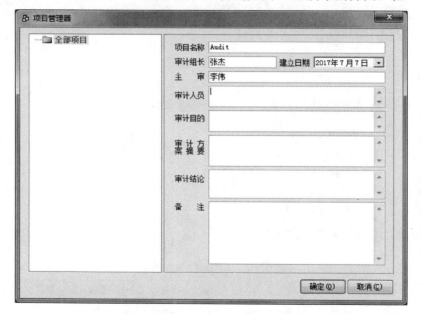

图 3-11 项目管理器录入界面

① 学习和授课时，需要将导入的"UFDATA"文件解压后还原到 Microsoft SQL Server 2008 R2 中，并将还原的数据命名为"Audit"，还原过程参见本书第四章第二节。

器"中录入项目名称、审计组长、主审、审计人员等信息后，单击"确定"按钮，"审计数据采集分析 2012"左侧会出现项目视图界面，如图 3-12 所示。

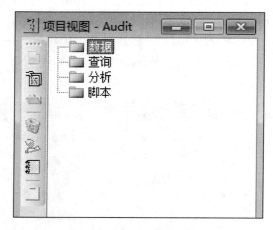

图 3-12 项目视图界面

（3）依次单击"数据"→"数据导入向导"，按照图 3-13～图 3-17 的提示进行相应设置，则可完成数据的导入。

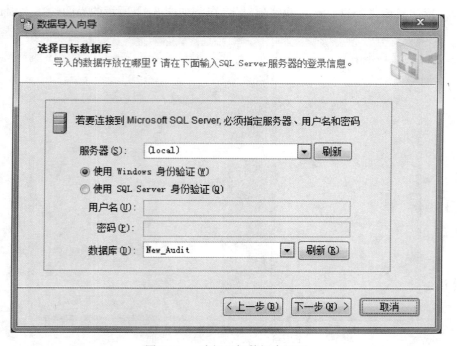

图 3-13 选择目标数据库界面

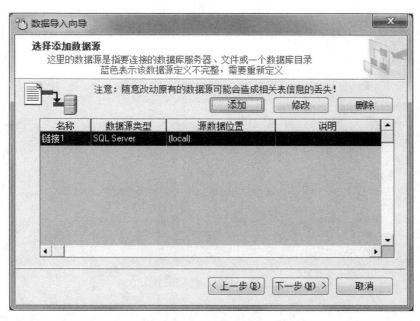

图 3-14 选择添加数据源界面

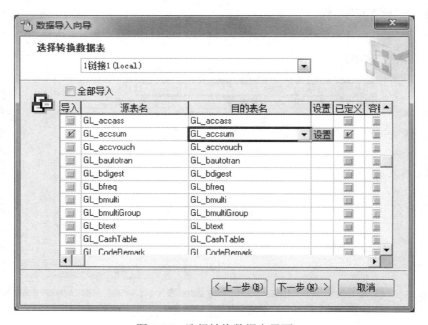

图 3-15 选择转换数据表界面

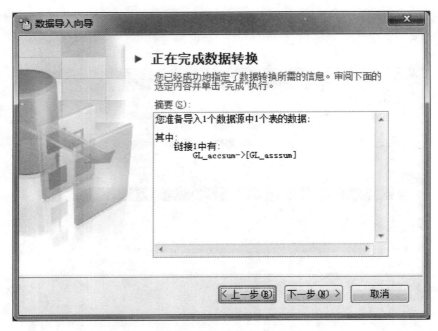

图 3-16　数据转换完成界面

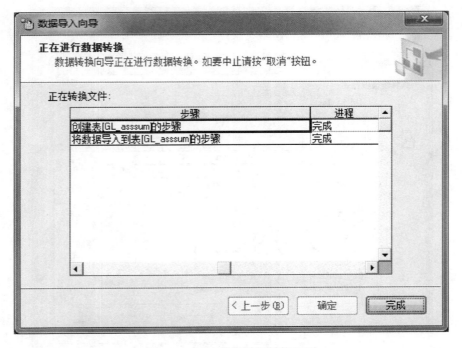

图 3-17　正在进行数据转换界面

（4）右击项目视图中的数据，选择"选取"，则可以选取导入的凭证文件表 GL_accsum 开展数据分析，如图 3-18 和图 3-19 所示。

图 3-18 数据选取窗口

图 3-19 添加表（查询）界面

三、数据验证

（一）数据验证的重要性

在面向数据的计算机辅助审计过程中，审计人员进行数据验证是相当有必要的。数据验证是确保审计数据真实性和完整性的重要手段，也是审计数据预处理正确性的重要保障。数据验证是确保电子数据真实、完整、正确的重要手段，也是提高数据采集和数据预处理质量，降低数据采集和数据预处理风险的重要工具，其重要性主要体现在以下几个方面。

1. 确保采集数据的真实性、正确性和完整性

数据验证的主要目的是确保被审计单位提供以及审计人员采集的原始电子数据的真实、正确和完整，验证电子数据对被审计单位实际经济业务活动的真实反映程度，排除被审计单位隐瞒部分电子数据的可能性。

2. 确认数据采集过程中数据的完整性

电子数据从一台计算机转移到另一台计算机，或者从一个信息系统转移到另一个信息系统的过程中，由于种种原因，可能导致采集数据发生遗漏。因此，审计人员从计算机或信息系统中采集数据时，必须对采集数据进行验证，以确保采集数据的完整性。

3. 减少数据采集和数据预处理过程中人为造成的失误

审计人员在进行数据采集和预处理过程中，若存在编写程序逻辑错误或者数据操作不规范，则可能导致部分数据遗漏或者丢失，从而导致数据分析结果产生错误。因此，审计人员在完成每一步数据操作后，都必须对被操作的电子数据进行验证，以确保数据的正确性。

（二）采集数据验证方法

通常来讲，数据验证包括以下几种方法。

1. 利用数据库的完整性约束进行验证

数据的完整性是指数据库中的数据在逻辑上的一致性和准确性。利用数据库的完整性约束可以实现部分数据验证功能。通常来讲，数据完整性包括如下内容。

（1）域完整性。域完整性又称为列完整性，指定一个数据集对某一个列是否有效并确定是否允许为空值。

（2）实体完整性。实体完整性又称为行完整性，要求表中的一个行有一个唯一的标识符（关键字）。

（3）参照完整性。参照完整性又称为引用完整性。参照完整性保证主表中的数据与从表（被参照表）中数据的一致性。

2. 利用数据总量和主要变量的统计指标进行验证

利用数据总量和主要变量统计指标进行验证也是数据验证的一种常用方法。利用数据总量和主要变量统计指标进行验证的方法包括以下几种。

（1）核对总记录数。在采集完成被审计单位的电子数据时，审计人员将采集前的记录数与采集后的电子数据记录数进行核对，以验证电子数据的完整性。例如，被审计单位采集前的记录数为 10 000 条，而采集到的电子数据记录数仅为 9000 条，则表明在采集过程中，有 1000 条电子数据未被审计人员采集。

（2）核对主要变量的统计量。在审计人员完成被审计单位的电子数据采集后，审计人员将采集前的主要变量统计量与采集后的电子数据主要变量统计量进行核对，以验证电子数据的完整性与准确性。例如，审计人员采集被审计单位的凭证表时，采集前被审计单位银行存款借方发生额为 20 万元，但采集后，被审计单位银行存款借方发生额为 19 万元，这表明在采集过程中，银行存款的电子数据出现缺失。

3. 利用业务规则进行验证

业务规则是指系统正常处理业务活动所必须满足的一系列约束的集合。约束来自系统外部和系统内部两方面。来自系统外部的约束主要是指国家政策和法律法规等，而来自系统内部的约束主要是指业务的勾稽关系等，如在借贷记账法的约束下借贷方必须平衡。利用这些约束可以在一定程度上对审计人员采集到的数据进行验证，本部分以"Audit"财务数据为例，介绍如何运用业务规则验证账套数据的完整、准确。

（1）检查记账凭证借贷是否平衡。检查记账凭证是否平衡是审计人员常用的一种简单而有效的数据验证方法，它与核对总金额的方法相辅相成。

例 3.5　以 SQL 还原的数据库"Audit"为例，验证审计人员所采集的凭证文件 GL_accvouch 是否存在记账凭证不平衡的情况。

```
Select iperiod,csign,ino_id,sum(md)借方合计金额,sum(mc)贷方合计金额
    from GL_accvouch
    group by iperiod,csign,ino_id
    having sum(md)<>sum(mc)
```

执行结果显示，凭证文件 GL_accvouch 不存在借贷不平衡的记账凭证。

（2）断号验证。在账套数据中，所有凭证、发票等都是按照顺序进行编号的，不允许出现断号的现象。若出现断号现象，则表示所采集的数据不完整，或者数据存在问题。以凭证表为例，凭证表是由原始凭证向会计账簿、报表传递会计信息的基础数据表。在利用底层电子数据开展计算机辅助审计的过程中，必须保证凭证表数据的完整性。在会计信息系统中，凭证号是按照顺序进行编号的，凭证号在每个月按照凭证类型连续编制，不同的凭证类型使用不同的凭证号，凭证号不能出现断号或者空号现象。因此，分析凭证中的凭证号是否连续是验证审计人员所采集的数据是否与被审计单位信息系统中的会计数据一致的重要核对方法。审计人员可以根据实际情况，通过编写 SQL 语句来验证凭证号是否存在断号或者空号情况，也可以借助审计软件的断号或重号功能来验证凭证号是否存在断号或空号的现象。

例 3.6　以 SQL 还原的数据库"Audit"为例，验证审计人员所采集的凭证文件 GL_accvouch 是否存在断号的现象。

```
select iperiod期间,csign凭证类型,MIN(ino_id)最小凭证号,MAX(ino_id)最大凭证号,凭证数量=COUNT(distinct ino_id)
    from GL_accvouch
    group by iperiod,csign
```

执行结果显示，凭证文件 GL_accvouch 不存在凭证号断号的情况，如图 3-20 所示。

（3）重号验证。同断号现象一样，账套数据是不允许出现重号现象的。若出现重号现象则表示重复开具发票或者重复作账等。以销售发票为例，销售发票出现重号，则表

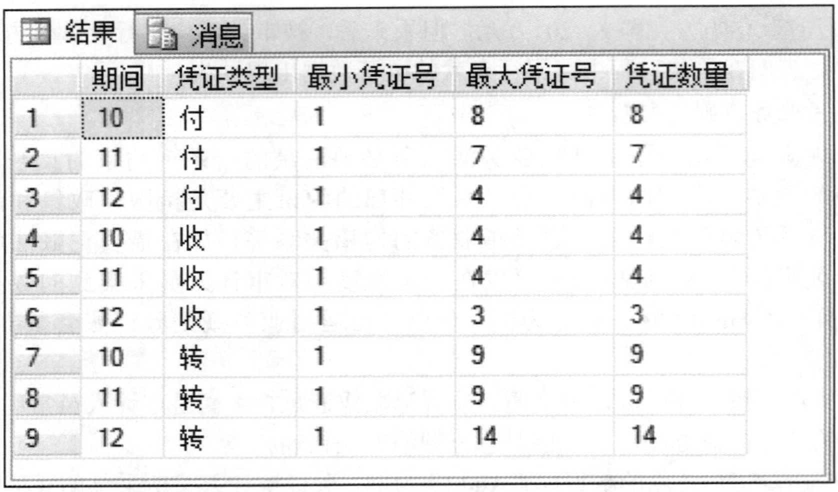

	期间	凭证类型	最小凭证号	最大凭证号	凭证数量
1	10	付	1	8	8
2	11	付	1	7	7
3	12	付	1	4	4
4	10	收	1	4	4
5	11	收	1	4	4
6	12	收	1	3	3
7	10	转	1	9	9
8	11	转	1	9	9
9	12	转	1	14	14

图 3-20 凭证断号执行情况

明被审计单位重复开具发票，重复确认销售收入。因此，审计人员可以根据实际情况，通过编写 SQL 语句来验证被审计单位是否存在发票号重号的现象，也可借助审计软件判别被审计单位是否存在重号的现象。

例 3.7 以 SQL 还原的数据库“Audit”为例，验证审计人员所采集的销售发票文件 Salebillvouch 是否存在重号现象。Salebillvouch 的表结构如表 3-1 所示。

表 3-1 Salebillvouch 表结构（简化）

序号	字段名	类型	说明
1	sbvid	整型	销售发票 ID（自动编号）
2	csbvcode	字符型	发票号
3	cvouchtype	字符型	单据类型
4	ddate	日期型	日期
5	crdcode	字符型	收发类别编号
6	cdepcode	字符型	部门编号
7	csocode	字符型	销售订单号

```
Select cvouchtype,csbvcode
from Salebillvouch
group by cvouchtype,csbvcode
having count(*)>1
```

执行结果显示，发票文件 Salebillvouch 不存在重号现象。

（4）数据勾稽关系。业务数据与会计数据存在着许多勾稽关系。这些勾稽关系是进行审计数据验证的重要依据。例如，审计人员所采集到的账套数据存在着“每月借方发生额≠每月贷方发生额"的情况。因此，审计人员在使用凭证文件的数据之前，有必要对上述勾稽关系进行验证。

例3.8 以 SQL 还原的数据库"Audit"为例，验证审计人员所采集到的凭证文件 GL_accvouch 数据是否存在"每月借方发生额≠每月贷方发生额"的情况。

```
Select iperiod 月份,sum(md)借方发生额,sum(mc)贷方发生额
from GL_accvouch
group by iperiod
having sum(md)<>sum(mc)
```

执行结果显示，凭证文件 GL_accvouch 不存在"每月借方发生额 ≠ 每月贷方发生额"的情况。

（5）采用抽样方法验证数据的完整性和真实性。除上述审计数据验证方法外，审计人员还可以运用抽样方法验证采集数据的完整性和真实性。当数据量相当大或者不能采用上述数据验证方法时，审计人员可以考虑采用抽样的方法。审计人员可以采用如下两种抽样方法验证审计数据的完整性和真实性。

①从被审计单位的纸质材料中按照一定的抽样规则抽取样本，对采集数据的完整性或真实性进行验证。

②从被审计单位信息系统中按照一定的抽样规则抽取样本，对采集数据的完整性或真实性进行验证。

（三）数据采集阶段的数据验证内容

数据采集阶段的数据质量直接影响着后续审计数据分析工作的开展。数据采集阶段主要验证对被审计单位提供数据的完整性和真实性。数据采集阶段验证的主要方法有：核对记录数、总金额，检查借贷是否平衡，顺序码断号和重号验证等。通常来讲，数据采集阶段的数据验证包括审计数据采集前验证和审计数据采集后验证两个阶段。

1. 审计数据采集前验证

审计数据采集前验证的主要目的是确保采集到的被审计单位数据的真实和完整，保证审计数据采集工作的有效，为审计数据采集后验证夯实基础。审计数据采集前验证的内容包括：①验证数据库的创建日期；②验证总数据量；③验证数据内容；④验证审计数据采集接口的正确性和有效性；⑤记录审计数据采集前的相关参数，为审计数据采集后验证夯实基础。

2. 审计数据采集后验证

审计数据采集后验证主要对采集到的审计数据进行确认，保证所采集数据的完整性，不存在遗漏的情况。审计数据采集后验证分为技术性验证和业务性验证两大类。技术性验证主要采用核对总记录数和总金额等方法；业务性验证是验证根据业务规则所采集到的数据是否符合相关规则，主要采用的方法包括检查记账凭证借贷平衡情况，凭证是否存在断号等。

■ 复习思考题

1. 审前调查的基本内容包括哪些？
2. 简要阐述数据需求的提出过程。
3. 信息系统审计的内容与目标包括哪些？
4. 简要阐述信息系统审计的方法与过程。
5. 什么是审计数据采集？
6. 为什么要进行审计数据验证？

■ 实验项目

1. 将第二章还原的数据库进行备份，备份文件的名称为"Aduit"。
2. 对第二章还原的数据库"Audit"进行如下验证。

（1）验证审计人员所采集的凭证文件 GL_accvouch 是否存在记账凭证不平衡的情况。

（2）验证审计人员所采集的凭证文件 GL_accvouch 是否存在断号的现象。

（3）验证审计人员所采集的销售发票文件 Salebillvouch 是否存在重号现象。

（4）验证审计人员所采集到的凭证文件 GL_accvouch 中数据是否存在"每月借方发生额≠每月贷方发生额"的情况。

第四章

审计数据质量与审计中间表创建

➤ **学习目标**

通过本章的学习，应当了解并掌握：

（1）审计质量的概念与分类。

（2）审计数据预处理的作用与应用。

（3）审计中间表的概念与分类。

（4）审计中间表的创建过程。

（5）审计信息系统的构建。

第一节　审计数据质量概述

一、审计数据质量的概念

审计人员常常抱怨所谓的"数据丰富，信息贫乏"，其中一个原因是缺乏有效的数据分析技术，而另一个重要的原因则是数据质量不高，如数据残缺不全、数据不一致、数据重复等，导致数据不能有效地被利用。Aebi 等（1993）则认为，数据质量主要指一个信息系统在多大程度上实现了模式和数据实例的一致性，以及模式和数据实例在多大程度上实现了正确性（correctness）、一致性（consistent）、完整性（completeness）和最小性（minimality）。现代数据质量的概念主要包括以下几个方面：一是注重从用户角度来衡量数据质量，强调用户对数据的满意程度；二是数据质量是一个综合性概念，需要建立一套有效的数据质量管理体系，应从多角度来评价数据的好坏；三是适用性、准确性、适时性、完整性、一致性和可比性等构成了数据质量的基本要素。审计数据质量并不仅仅是指审计数据错误。根据数据质量的概念，审计数据质量是指审计数据真实、全面反映被审计单位经济活动的水平。

二、审计数据质量的评价指标

一般来讲，评价审计数据质量的指标主要包括以下几方面。

（1）准确性（accuracy）。准确性是指数据源中实际数据值与假定正确数据值的一致程度。

（2）完整性（completeness）。完整性是指数据源中需要数值的字段中无缺失值的程度。

（3）一致性（consistency）。一致性是指数据源中数据对一组约束的满足程度。

（4）唯一性（uniqueness）。唯一性是指数据源中数据记录以及编码是否唯一。

（5）适时性（timeliness）。适时性是指在所要求的或指定的时间提供一个或多个数据项的程度。

（6）有效性（validity）。有效性是指维护的数据足够严格以满足分类准则的接受要求。

三、审计数据质量存在的问题

信息系统的好坏并不能决定信息系统中数据质量是否满足用户的要求。用户录入错误、企业环境变化等因素都会影响数据质量。被审计单位存放在信息系统中的数据可能存在如下几方面的问题。

（1）重复的数据。重复的数据是指一个数据源中存在表示现实世界同一个实体的重复信息，或在多个数据源中存在现实世界同一个实体的重复信息。

（2）不完整的数据。由于录入错误等原因，字段值或记录未被记入数据库，造成信息系统数据源中应该有字段或记录缺失。

（3）不正确的数据。由于录入错误，数据源中的数据未及时更新，或计算不正确等，导致数据源中的数据过时，或者一些数据与现实实体中字段的值不相符。

（4）无法理解的数据值。无法理解的数据值是指某些原因导致的数据源中的一些数据难以理解或无法解释，或伪值、多用途等。

（5）不一致的数据。数据不一致包括了多种问题。从不同数据源获得的数据很容易发生不一致；同一数据源的数据因位置、单位及时间不同产生不一致。

除上述审计数据质量问题外，被审计单位存放于信息系统中的数据还可能存在其他问题。审计人员在开展数据分析前，需要对被审计单位存在信息系统中的数据进行预处理。

四、审计数据质量问题应用实例

被审计单位数据质量问题在实务中的表现是多种多样的。在审计实务中，数据质量问题往往表现在字段、记录、记录类型和数据源方面，如表 4-1 所示。

表 4-1　数据质量问题举例

类型	问题	数据	原因
字段	空值	电话 = " "	可能数据未输入或已丢失
	拼写错误	City = "梅山"	通常是数据录入错误
	含义模糊的值或缩写词	职称 = "AProfessor"	不知道 "AProfessor" 的意思
	多值嵌入	姓名 = "张伟厦门大学 2017 级"	一个字段输入了多个字段的值
	不合法的值	出生日期 = 1990.13.32	值超出了域范围
	字段值错位	Province = "厦门"	某个字段的值输入另一个字段中

续表

类型	问题	数据	原因
记录	违反属性依赖	年龄 = 25，出生日期 = 1920.12.13	年龄与出生日期之间不对应
记录类型	重复的记录	客户 1：("贵阳 A 公司"，"贵阳"，…) 客户 2：("贵阳 A 公司"，"贵阳"，…)	由于数据输入错误，同一个客户的信息输入两次
	冲突的值	客户 1："贵阳 A 公司"，"8"，…) 客户 2："贵阳 A 公司"，"23"，…)	同一个客户被不同的值表示
数据源	引用错误	客户：Name = "成都电视机厂"，City = 110	编号为 110 的城市不存在

■ 第二节　审计数据预处理

由于从被审计单位采集到的数据存在数据质量问题，因此，需要审计人员对采集来的电子数据进行预处理，即开展数据转换、清理和验证工作，为审计中间表的创建和数据分析奠定坚实的基础。

一、数据预处理的内容

根据审计工作的实际，审计数据预处理阶段被划分为数据转换、数据清理和数据验证三部分内容。审计数据预处理在计算机辅助审计中扮演着十分重要的作用。审计数据预处理具有如下十分重要的意义。

（1）为审计中间表和数据分析提供基础。从被审计单位采集来的数据往往不能完全满足审计中间表创建和审计数据分析的要求。因此，通过对有质量问题的数据进行预处理，可以为审计中间表的创建、审计信息系统的构建和审计数据分析夯实基础。

（2）帮助审计人员发现审计线索。通过对被审计单位的数据进行预处理，可以有效地发现被审计单位数据存在的问题。一旦发现被审计单位的数据存在问题，并不是立即删除有问题的数据，因为这些存在质量问题的数据可能隐含着重要的审计线索。审计人员需要对有质量问题的数据进行分析，找出产生数据质量问题的原因，发现隐藏在背后的审计线索。

（3）降低审计风险。有质量问题的被审计单位数据会影响数据分析结果的正确性，造成一定的审计风险。因此，通过对有质量问题的审计数据进行预处理，可以降低审计人员面临的审计风险。

二、审计数据转换

从满足计算机辅助审计实务的角度来看，审计数据转换包括两方面的含义：一方面是将采集到的不同类型的数据转换为审计人员熟悉、常用的数据格式，如名称转换、数据类型转换和代码转换等；另一方面是明确地标出每张表、每个字段的经济含义。本部分将介绍如何将其他类型的数据文件转换到通用软件中。

（一）转换到 Microsoft Excel

在面向数据的计算机辅助审计过程中，审计人员会用 Microsoft Excel 分析被审计单位的电子数据，需要把不同文本文件、Microsoft Access 和 Microsoft SQL Server 类型的电子数据转换到 Microsoft Excel 中来。本部分通过实例介绍如何把常用类型的电子数据转换到 Microsoft Excel 中来。

1. 文本文件数据

被审计单位提供给审计人员的数据类型是多种多样的，文本文件格式数据是其中的一种类型。文本文件类型数据转换到 Microsoft Excel 中可以采用如下方法。

第一种方法：直接打开文本。

例 4.1　现有科目代码表数据"t_Account.txt"（带分隔符号），请将该数据转换到名为"科目代码表"的 Microsoft Excel 文件中。

该方法的操作过程如下。

（1）打开 Microsoft Excel。

（2）选择"Office 按钮"→"打开"，按照提示步骤，选择需要转换的文本文件数据，如图 4-1～图 4-4 所示，即可完成数据的转换工作，如图 4-5 所示。

图 4-1　选择需要导入的文本文件

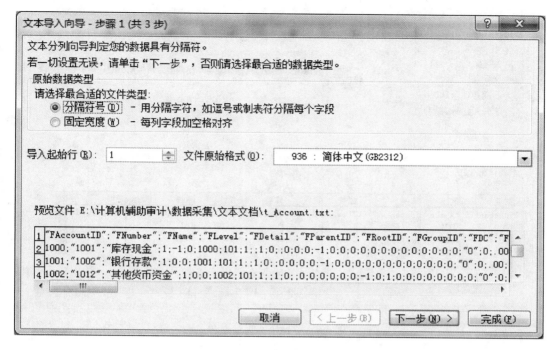

图 4-2　原始数据类型设置界面

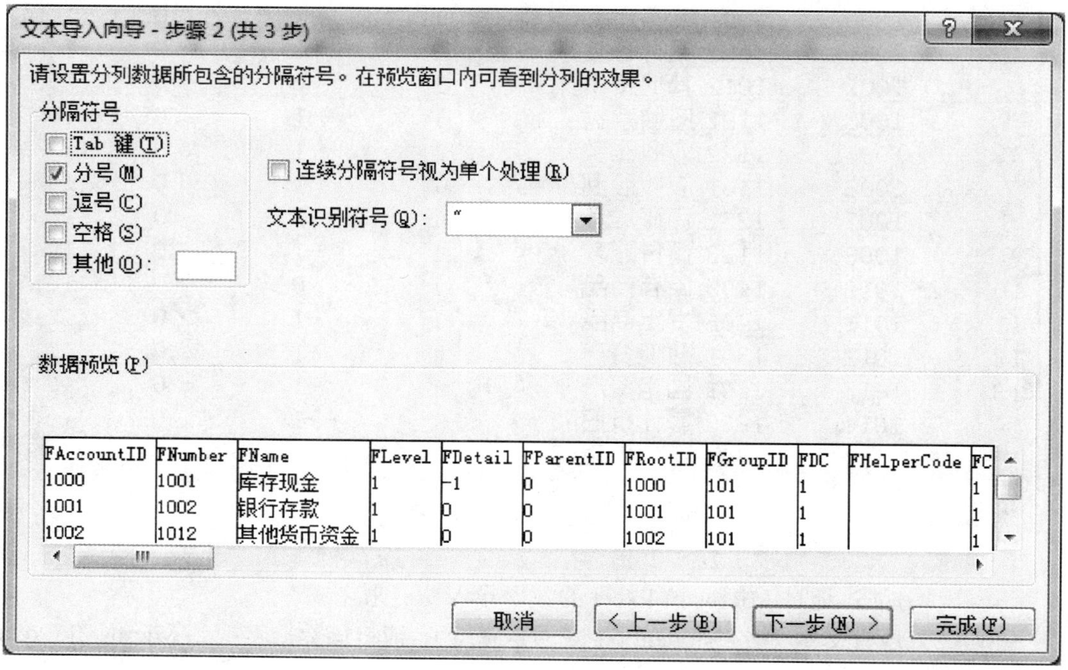

图 4-3　分隔符设置界面

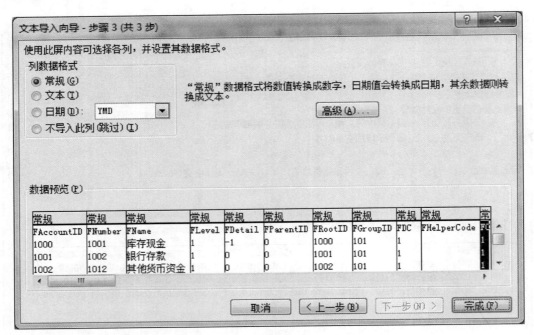

图 4-4 数据格式设置界面

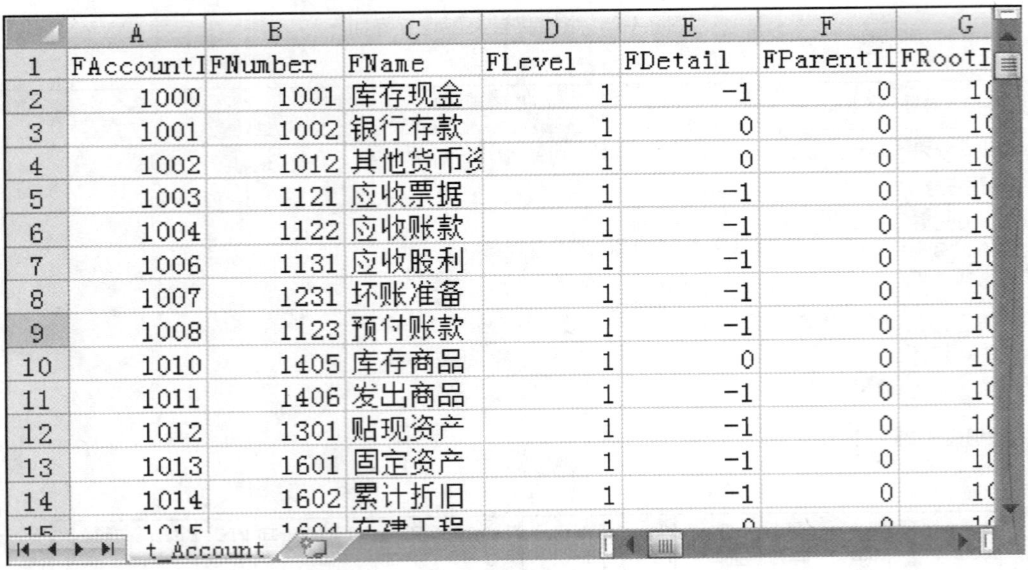

图 4-5 文本文档导入后的效果

第二种方法：通过 Microsoft Excel 的数据导入功能来完成。

例 4.2 现有文本文件"student.txt"（固定宽度），请将该数据转换到 Microsoft Excel 文件中。

把科目代码表数据转换到 Microsoft Excel 文件中的操作过程如下。

（1）选择"数据"→"获取外部数据"→"自文本"，则出现如图 4-6 所示的界面。

图 4-6 选择需要导入的文本文件

（2）在图 4-6 中选择需要转换的文本文件，单击"导入"按钮，进入文本导入向导界面，按系统提示进行相应设置则可完成文本文件导入，如图 4-7～图 4-11 所示。

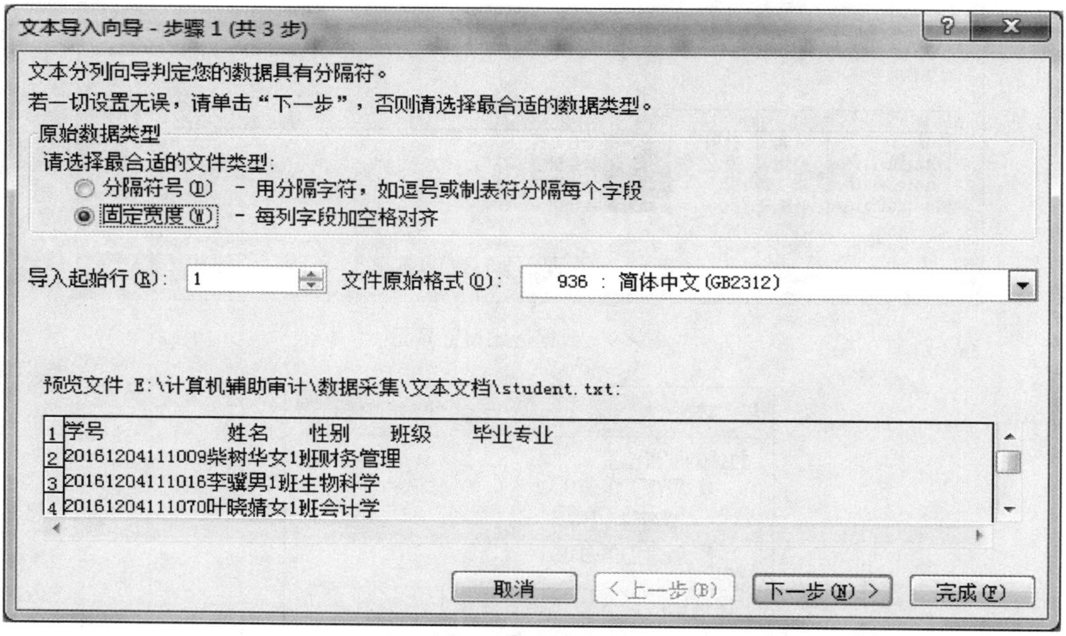

图 4-7 文本文件导入向导界面

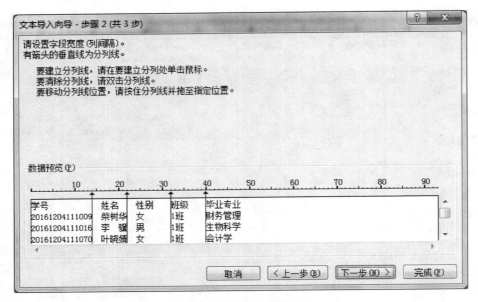

图 4-8　字段宽度设置界面

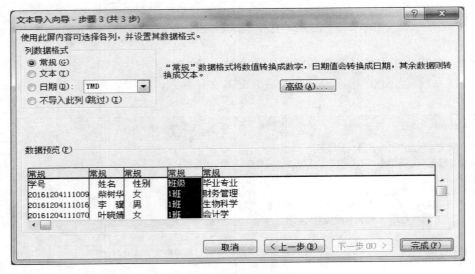

图 4-9　数据格式设置界面

图 4-10　导入位置设置界面

	A	B	C	D	E	F
1	学号	姓名	性别	班级	毕业专业	
2	20161204111009	柴树华	女	1班	财务管理	
3	20161204111016	李骥	男	1班	生物科学	
4	20161204111070	叶晓婧	女	1班	会计学	
5	20161204111029	尹晓星	女	1班	会计学	
6	20161204111091	黄玥明	男	1班	计算机科学与技术	
7	20161204111058	覃旭	女	1班	财务管理	
8	20161204111075	张梦莹	女	1班	会计学	
9	20161204111048	章筱轮	男	1班	电气工程及其自动化	
10	20161204111051	胡慧雯	女	1班	财务管理	
11	20161204111012	刘晓磊	男	1班	生物技术	
12	20161204111035	成宇红	女	1班	工商管理	
13	20161204111040	秦可	女	1班	财务管理	
14	20161204111030	袁会	女	1班	会计学	
15	20161204111108	张斯亮	男	1班	工程管理	

t_Account　Sheet1

图 4-11　文本文档导入后的效果

2. Microsoft Access 数据

审计人员通常运用 Microsoft Access 开展数据分析，本部分以 Microsoft Access 2007 数据库为例，介绍如何将 Microsoft Access 数据库中的数据转换到 Microsoft Excel 中来。

第一种方法：直接转换 Microsoft Access 数据库的数据。

例 4.3　现有 Microsoft Access 数据库"UFDatebases. mdb"，请将该数据转换到 Microsoft Excel 文件中。

数据库文件"UFDatebases. mdb"转换到 Microsoft Excel 的设置如图 4-12～图 4-14 所示。

图 4-12　选择 Microsoft Access 数据库界面

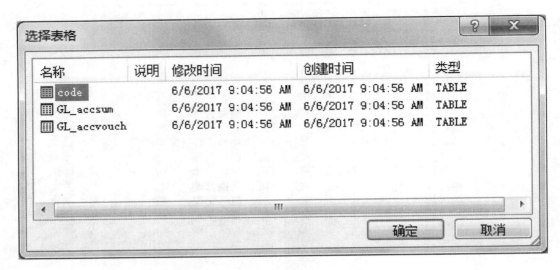

图 4-13　Microsoft Access 数据库表格选择界面

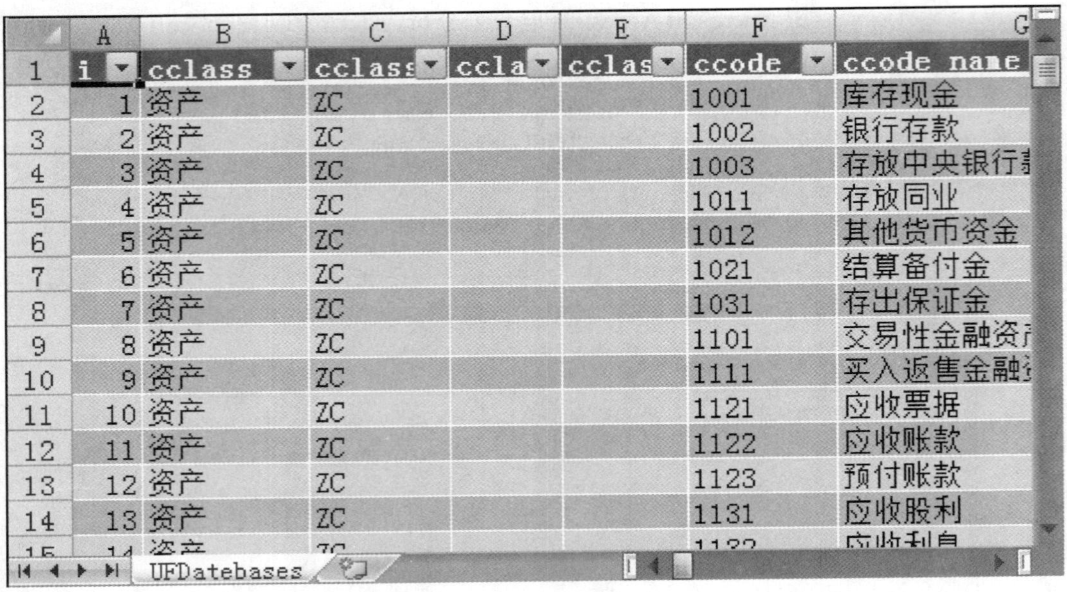

图 4-14　Microsoft Access 导入后的效果

第二种方法：通过 Microsoft Excel 的数据导入功能来完成。

同样以例 4.3 为例，介绍如何通过 Microsoft Excel 导入 Microsoft Access 数据库。该方法的操作过程如下。

（1）打开 Microsoft Excel。

（2）选择"数据"→"获取外部数据"→"自 Access"，如图 4-15～图 4-17 所示，按照提示步骤，选择需要转换的 Microsoft Access 格式的数据，即可完成数据转换工作。

图 4-15 Microsoft Access 数据源选择界面

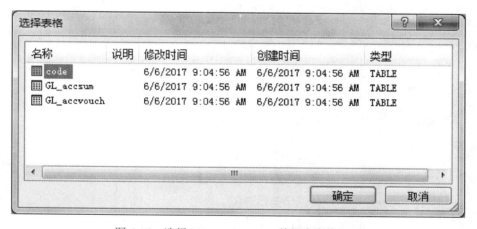

图 4-16 选择 Microsoft Access 数据库表格界面

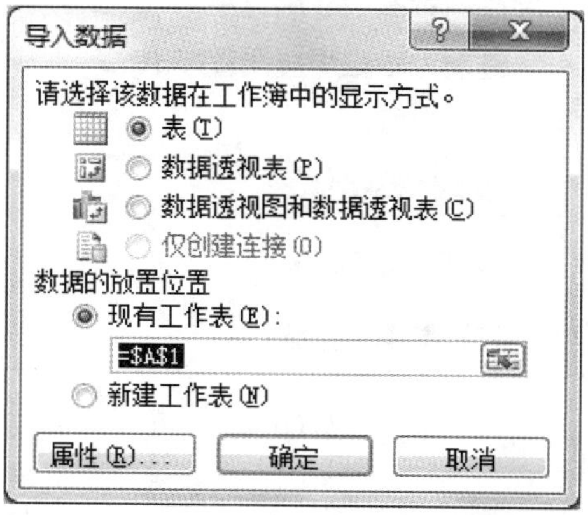

图 4-17 数据导入位置及显示方式设置界面

在图 4-17 所示界面中单击"确定"按钮，则得到如图 4-14 所示的导入效果。

3. Microsoft SQL Server 数据

本部分以 Microsoft SQL Server 数据库为例，介绍如何将 Microsoft SQL Server 中的数据转换到 Microsoft Excel 中来。该方法的操作过程如下。

第一种方法：通过 Microsoft SQL Server 导入和导出向导转换。

该方法的操作过程如下。

（1）选择"开始"→"所有程序"→"Microsoft SQL Server 2008 R2"→"SQL Server Management Studio"，打开连接到服务器界面。服务器类型选择"数据库引擎"，服务器名称选择本机计算机名称（本例为"ITAuditing"），身份验证选择"Windows 身份验证"（用户必须以管理员身份登录操作系统），单击"连接"按钮。

（2）在"SQL Server Management Studio"左侧窗格中，依次展开"ITAuditing"→"数据库"，右击 Microsoft SQL Server 中的数据库"Audit"，选择"导出数据"，如图 4-18 所示。

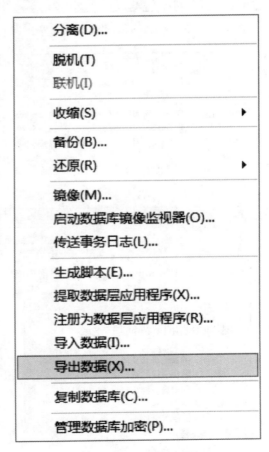

图 4-18　选择导出数据菜单界面

（3）再依次按照图 4-19～图 4-23，依照提示步骤完成 Microsoft SQL Server 数据的转换工作。

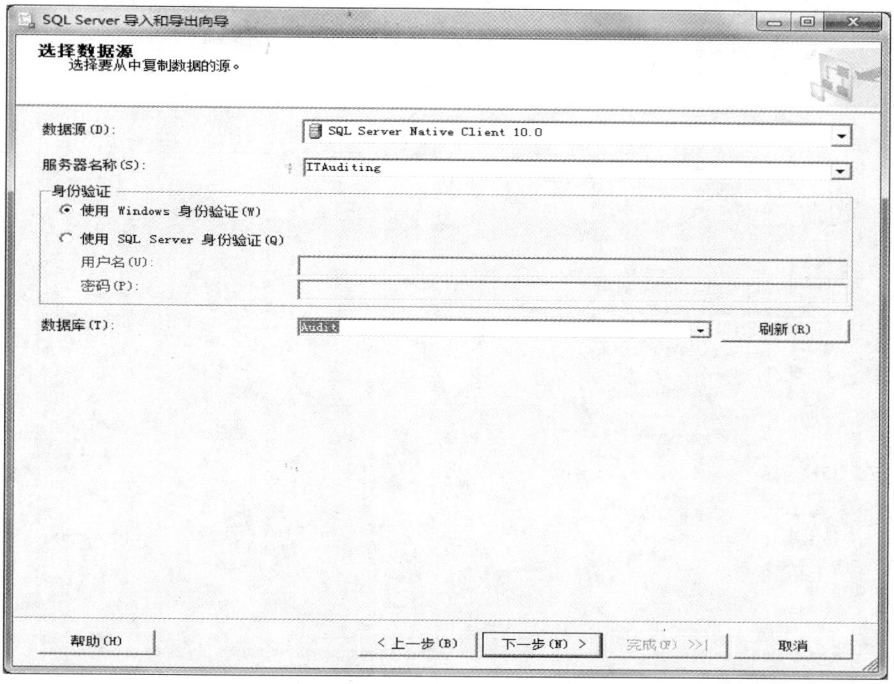

图 4-19　设备数据源驱动程序和数据库界面

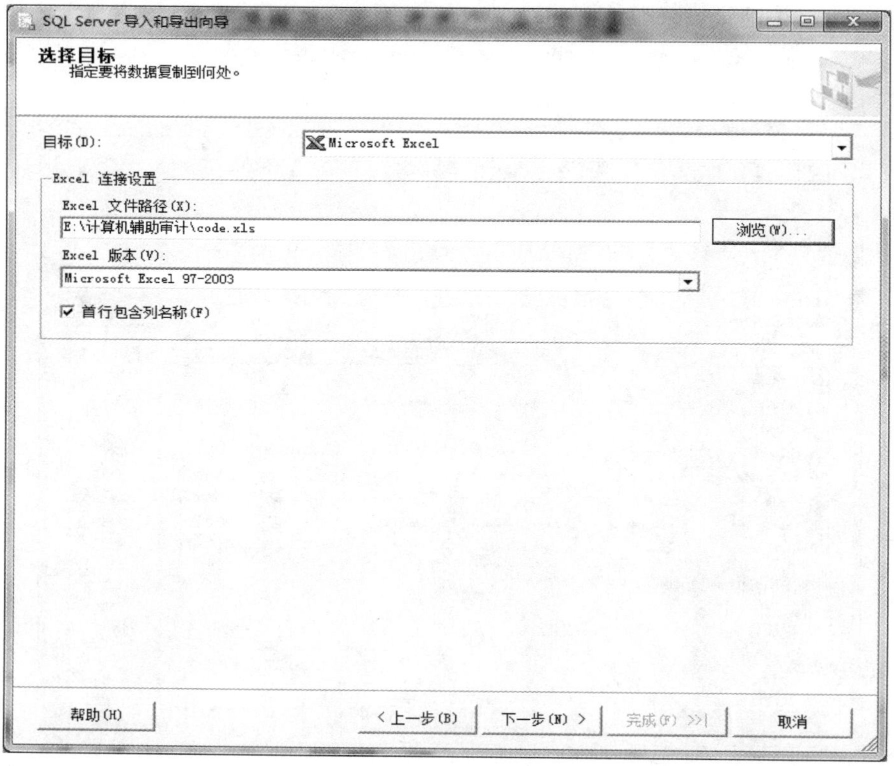

图 4-20　设置目标数据库驱动程序与文件名称界面

图 4-21　选择导出的数据文件界面

图 4-22　导出数据文件的设置界面

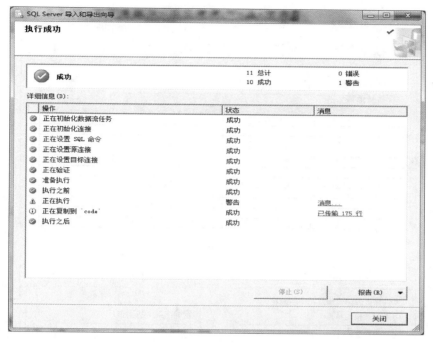

图 4-23　数据导出完成界面

（4）经过上述操作后，即可完成数据的导入工作。

第二种方法：通过 ODBC 数据源转换 Microsoft SQL Server 数据。

该方法的操作过程如下。

（1）打开 Microsoft Excel，同时按第二章第三节的方法选择在"控制面板"→"管理工具"→"数据源（ODBC）"中设置 ODBC 数据源。

（2）选择"数据"→"获取外部数据"→"来自 Microsoft Query"，如图 4-24 所示。

图 4-24　ODBC 数据源菜单选择界面

（3）依次按照图 4-25～图 4-30 设置。

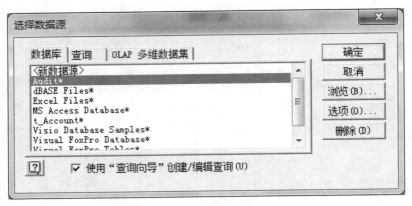

图 4-25　ODBC 数据源选择界面

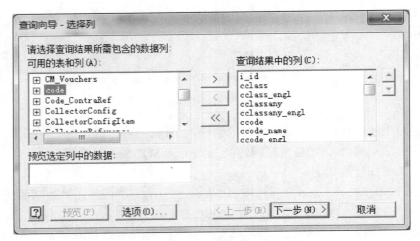

图 4-26　数据表和数据字段选择界面

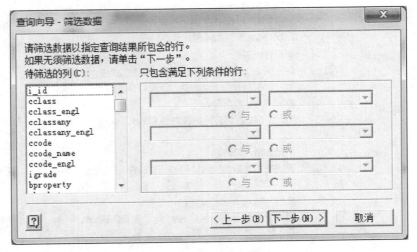

图 4-27　数据筛选界面

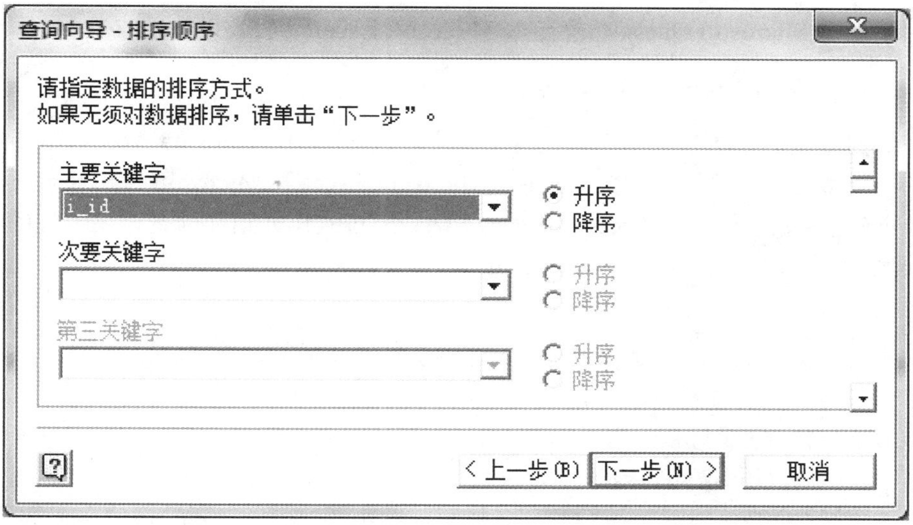

图 4-28　记录排序界面

图 4-29　查询向导完成界面

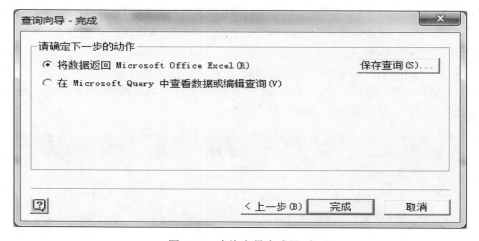

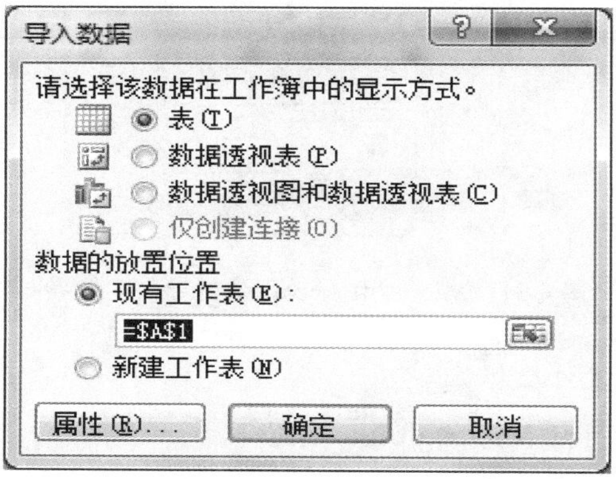

图 4-30　导入设置选择界面

（4）通过 Microsoft Query 功能导入 Microsoft Excel 后的效果如图 4-14 所示。

（二）转换到 Microsoft Access

在面向数据的计算机辅助审计过程中，审计人员会用 Microsoft Access 分析被审计单位的电子数据，需要把不同文本文件、Microsoft Excel 和 Microsoft SQL Server 类型的电子数据转换到 Microsoft Access 中来。本部分通过实例介绍如何把常用类型的电子数据转换到 Microsoft Access 中来。

1. 文本文件数据

文本文件类型数据转换到 Microsoft Access 中可以采用如下方法。

第一种方法：直接打开文本。

该方法的操作过程如下。

（1）打开 Microsoft Access。

（2）选择"Office 按钮"→"打开"，按照提示步骤，选择需要转换的文本文件数据，即可完成数据的转换工作。转换文本文件的后续操作步骤与 Microsoft Excel 转换文本文件的操作步骤基本一致，在数据转换过程中可参照 Microsoft Excel 转换文本文件的操作步骤。

第二种方法：导入文本文件。

该方法的操作过程如下。

（1）打开 Microsoft Access。

（2）选择"外部数据"→"文本文件"，如图 4-31 所示，按照提示步骤，选择需要转换的文本文件数据，即可完成审计数据的转换工作。

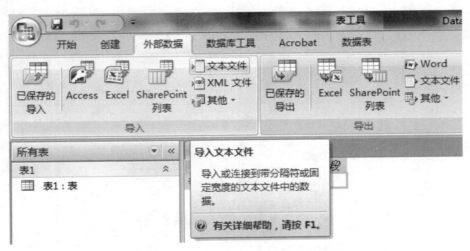

图 4-31　Microsoft Access 数据导入功能界面

2. Microsoft Excel 文件数据

第一种方法：直接打开 Microsoft Excel 文件。

该方法的操作过程如下。

（1）打开 Microsoft Access。

（2）选择"Office 按钮"→"打开"，按照提示步骤，选择需要转换的 Microsoft Excel 数据，即可完成数据转换工作。

第二种方法：导入 Microsoft Excel 文件。

该方法的操作过程如下。

（1）打开 Microsoft Access。

（2）选择"外部数据"→"Excel"，按照提示步骤，选择需要转换的 Microsoft Excel 文件数据，即可完成审计数据的转换工作。

3．Microsoft SQL Server 数据

同 Microsoft Excel 中转换 Microsoft SQL Server 数据库中的数据一样，将 Microsoft SQL Server 数据库中的数据转换到 Microsoft Access 中存在两种转换方法，即"通过 SQL 数据导入和导出功能"和"ODBC 数据源功能"。通过 Microsoft SQL Server 数据导入和导出功能转换 Microsoft Access 数据与通过 Microsoft SQL Server 数据导入和导出功能转换 Microsoft Excel 数据不存在太大区别，因此，可参照 Microsoft Excel 转换 Microsoft SQL Server 数据的操作完成审计数据的转换工作。本部分仅介绍如何通过 ODBC 数据源完成数据转换工作，其操作步骤如下。

（1）打开 Microsoft Access。

（2）选择"外部数据"→"其他"→"ODBC 数据库"，单击"确定"按钮后，选择"机器数据源"，如图 4-32 所示，选择需要导入的数据源名称。

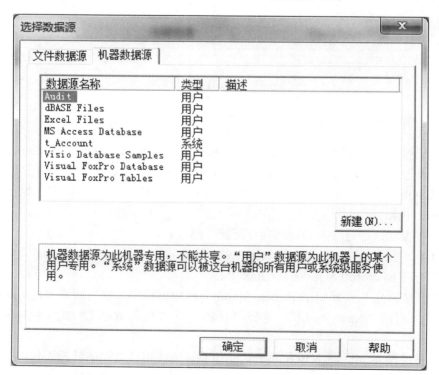

图 4-32　数据源选择界面

（3）选择需要导入的对象，如图 4-33 所示，完成数据转换工作。

图 4-33　导入对象选择界面

（三）转换到 Microsoft SQL Server 2008 R2 数据库

在审计数据分析过程中，审计人员会用 Microsoft SQL Server 分析被审计单位的电子数据，需要把不同文本文件、Microsoft Excel 和 Microsoft Access 类型的电子数据转换到 Microsoft SQL Server 中来。下面通过实例介绍如何把常用类型的电子数据转换到 Microsoft SQL Server 中来。

第一种方法：通过导入和导出向导转换外部数据。

例 4.4　将存放在 Microsoft Access 中的"账套数据"导入"New_Audit"数据库中。

（1）打开 Microsoft SQL Server 2008 R2。

（2）在"SQL Server Management Studio"左侧窗格中，依次展开"ITAuditing"→"数据库"，右击"New_Audit"，选择"任务"→"导入数据"，如图 4-34 和图 4-35 所示。

（3）按照图 4-36～图 4-39 所示的提示步骤，完成审计数据的转换工作。

（4）外部数据导入 Microsoft SQL Server 后，可以依次展开"New_Audit"→"表"查看外部数据导入后的效果。

图 4-34　对象资源管理器界面　　　　　　　　　图 4-35　菜单选择界面

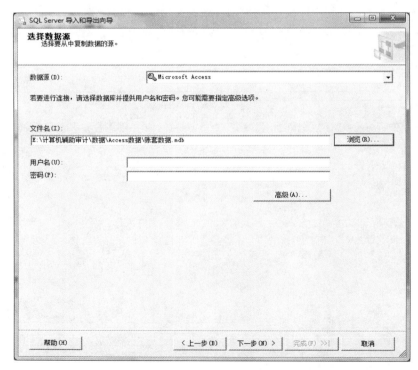

图 4-36　数据源驱动程序与文件名选择界面

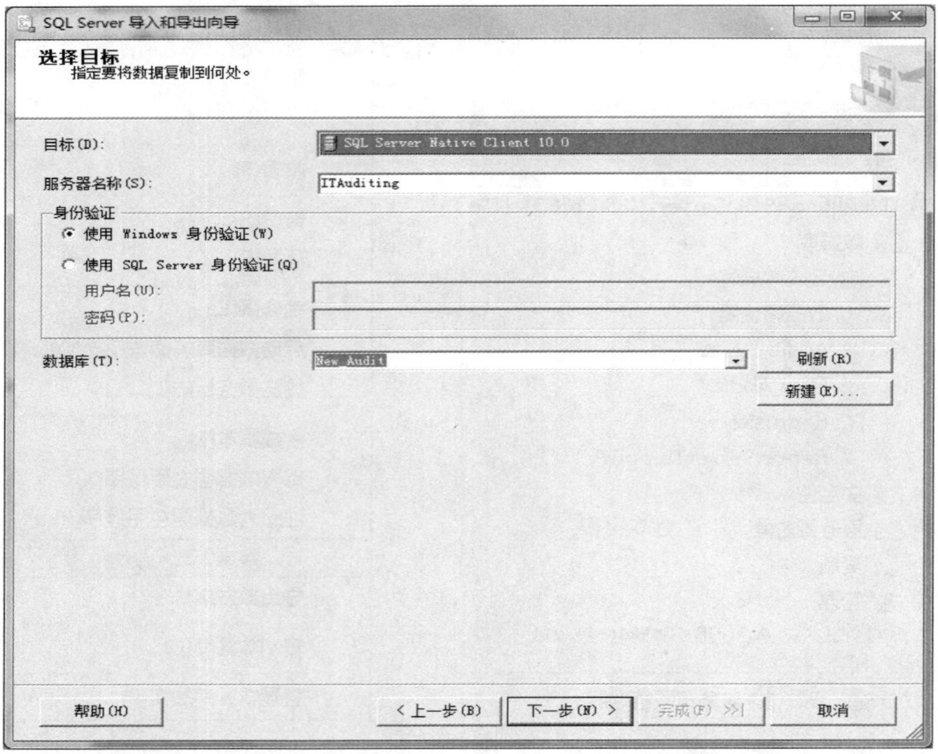

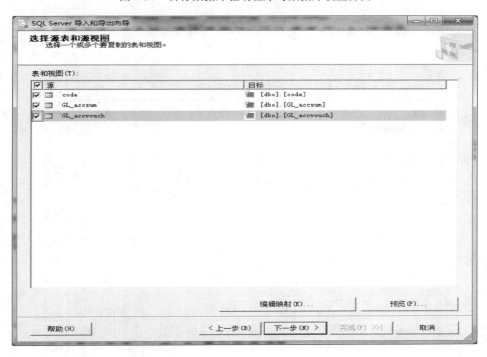

图 4-37　目标数据库驱动程序与数据库设置界面

图 4-38　源表与源视图选择界面

图 4-39 数据导入完成界面

第二种方法：还原备份数据库。

例 4.5 将用友 8.52 的账套数据"UFDATA.BA_"导入 Microsoft SQL Server 数据库中。

（1）解压用友 8.52 的账套数据"UFDATA.BA_"①，解压过程见导入的"UFDATA.BA_解压过程"。

（2）打开 Microsoft SQL Server 2008 R2。

（3）在"SQL Server Management Studio"左侧窗格中，展开"ITAuditing"，右击"数据库"，选择"还原数据库（R）"，如图 4-40 和图 4-41 所示。

（4）Microsoft SQL Server 数据库还原成功后，则在"SQL Server Management Studio"左侧窗格将增加"Audit"数据库。

三、审计数据清理

审计人员从被审计单位采集或转换来的电子数据往往会存在数据质量问题，影响审计人员的审计判断，或影响审计数据分析的效率和效果。因此，审计人员需要对审计数

---

① 用友 8.52 版本备份账套需要用解压软件进行解压之后才能还原，而用友 8.70 及以上版本的备份账套不需要进行解压即可还原。

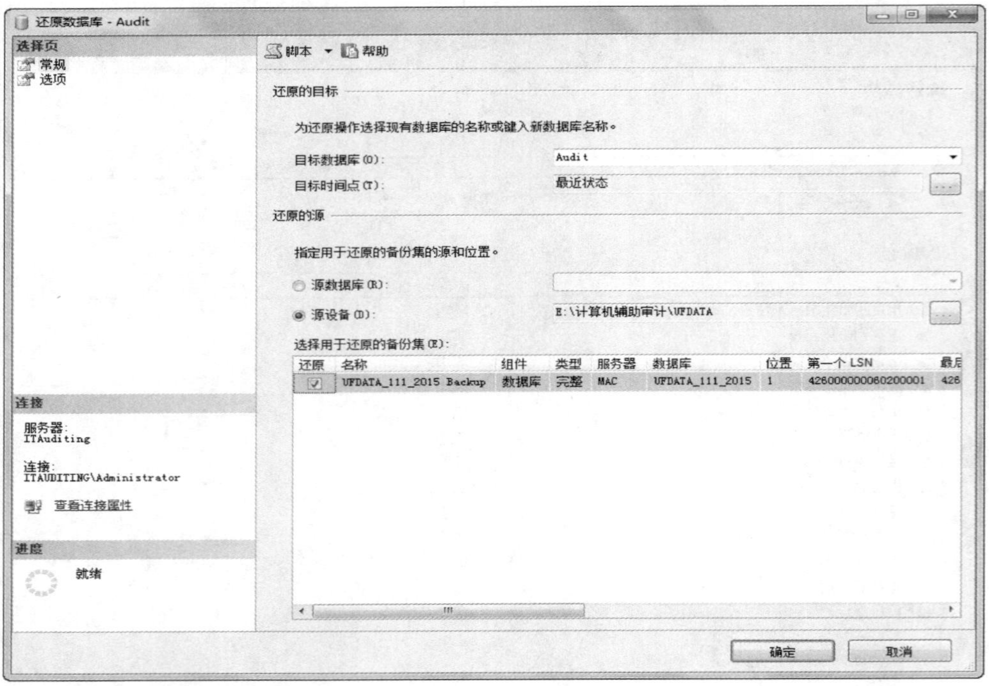

图 4-40   数据库还原界面

图 4-41   数据库还原完成界面

据进行清理，消除冗余数据、不完整数据和重复数据等，从而提高审计数据质量。常见的数据清理工作包括：①处理冗余数据，如重复数据、冗余字段等；②处理空值；③处理不规范数据，如字段值缺失、带多余空格、取值异常数据和违反属性依赖的数据等。

四、审计数据验证

审计数据验证主要是确认审计数据转换和审计数据清理没有损害数据整体的完整性，确保审计数据的正确性。对审计转换和审计数据清理过程进行验证主要包括两方面的内容。①确认数据转换和数据清理的目标已经实现。为确保审计数据转换和数据清理目标得以实现，必须针对转换前存在的数据质量问题和转换要求逐一进行核对；②确保数据转换和数据清理工作没有损害数据的完整性和正确性。要确保数据转换和数据清理工作没有损害数据的完整性和正确性，就必须确认审计数据转换和数据清理没有带来新的错误。

审计数据预处理阶段的验证通常采用核对总金额、保持借贷平衡、勾稽关系和审计抽样等验证方法完成。具体实例可参见本书第三章第三节。

五、数据采集与预处理报告

审计数据采集与预处理报告是记录数据采集、转换、清理、验证过程和结果的标志性文档。在审计数据预处理结束后，审计人员应开始撰写审计数据采集与预处理报告。审计数据采集与预处理报告应包括如下内容：①采集数据的信息系统名称及功能；②数据采集人员、方法及所采集的数据的范围、内容和格式；③数据转换的人员、工具、技术、方法、过程及结果；④数据清理的人员、工具、技术、方法、过程及结果；⑤数据验证的人员、工具、技术、方法、过程及结果；⑥其他需要说明的事项。

由于审计数据采集和预处理过程是按具体任务分工进行的，数据采集整理报告的撰写应由数据采集、数据转换、数据清理和数据验证等具体操作人员分别承担相应的工作，然后由审计组组长或主审人员确定有关人员分块记录进行复核和汇总。

■ 第三节　审计中间表创建

一、审计中间表的含义

审计中间表是将被审计单位的电子数据，在进行清理、转换和验证后，进一步进行投影、连接等操作，创建的适合审计人员进行数据分析的表。审计中间表可以分为基础性中间表和分析性中间表。电子数据经过清理、转换和验证后，就可以得到基础性中间表。基础性中间表是审计人员结合被审计单位的业务性质和数据结构，根据不同的分析主题生成的，它是面向审计组全体审计人员的。对基础性中间表进一步处理，如按照审计分析模型进行字段选择、连接处理，就可以得到分析性中间表。分析性中间表是在基础性中间表的基础上生成的，它与基础性中间表的本质区别在于，基础性中间表是面向审计组全体审计人员的，而分析性中间表是面向具有不同分析目的的不同审计人员的。

二、创建审计中间表的必要性

创建审计中间表是一项复杂、耗时、费力的基础性工作，但也是构建审计信息系统的关键步骤。只有建立起相对完整、规范的审计中间表，才能进一步构建审计分析模型，开展有效的数据分析，促进审计工作的效率和效果。具体来讲，创建审计中间表的必要性主要体现在以下几个方面。

（一）解决因范式分解而造成的信息"分裂"问题

被审计单位在开发其信息系统时，按照数据库设计规范，通常会对数据进行范式分解。范式分解这种规范化过程，常常会将反映某项经济业务信息的数据分解成关系数据库中的多个逻辑表，也就是原本在单个纸质表或文件中同时反映的内容，在电子数据中往往被分别存储在不同的数据库或数据表中。通过建立审计中间表，将反映某项经济业务的主要信息集中到一张表中，审计人员就能够更加清晰地把握被审计单位的各项经济业务类别及其主要信息，数据分析工作也就更容易进行。

（二）解决因数据使用目的不同而造成的"垃圾"数据问题

被审计单位的数据库设计和数据表中的内容安排均是依据其核算、管理的目的和要求进行的，是面向事务的。审计人员是面向分析的。面向事务和面向分析是两种截然不同的要求，在数据库设计中会对数据有不同的处理。审计人员所采集的原始数据一般不可能完全适应审计分析的要求，其中会包含大量与审计目的无关的数据，称为"垃圾"数据。所以，要利用被审计单位数据库中的数据来实现审计分析，必须对清理、转换、验证后的原始数据按审计目的进行"再加工"，从原始数据中选择出所需要的数据，构成能适用审计分析的审计中间表。

（三）解决因数据结构变化而造成的审计分析模型难以复用的问题

不同的被审计单位有不同的经营特点，其使用的信息系统和数据结构通常存在较大的差别，即便是类型相同的被审计单位，尽管其经营业务类似，但表达经济业务信息的数据表和数据结构也往往不尽相同，甚至是同一被审计单位在不同的历史时期，或是同一被审计单位的不同分支机构之间，也可能存在类似的情况。而审计分析模型是在数据的基础上运行的，一旦数据结构发生变化，就需要对其进行适当修改才能保证正常运行。创建审计中间表，有效规范数据结构，这样对于不同的被审计单位、不同的历史时期，只要经济业务相同，其审计中间表的数据结构也相同，审计分析模型的可复用性也就大大提高。

（四）解决因利用外部关联数据而带来的信息整合问题

在当前的审计实践中，越来越多的审计项目需要审计人员在采集被审计单位电子数据的同时，尽可能地采集其他相关部门、单位的电子数据，以便在拥有充足信息资源的基础上，充分利用内部数据与外部数据的关联关系来进行分析验证，确定审计重点和查找问题根源。由于这些可以相互补充，并且验证的信息分散在不同来源、不同格式、不同类型的数据库或数据表中，要将其成功应用于审计分析，就需要将被审计单位的内部数据与其部门、单位的外部数据相结合，通过反复的转换、验证、清理工作，从中选择需要的信息并进行整合，最终构成符合审计人员分析需要的审计中间表。

三、审计中间表的特点

审计中间表的特点体现在以下四个方面。

（一）体现业务特征

审计中间表的创建是为审计人员下一步开展数据分析工作服务的，也就是说，它是与审计业务密切相关的。在对源数据进行选择、整合形成审计中间表的过程中，被审计单位的业务性质、类别是其创建的重要依据，因此，审计中间表体现着很强的业务特征。

（二）面向分析主题

审计中间表的创建总是针对具体的审计项目进行的，对于同样的数据库，如果审计的目的不同，创建的中间表也就不同。在创建过程中，审计人员应该依据审计方案既定的审计目标，进行数据的选择、整合，创建出面向主题，即能满足具体审计项目、审计目标要求的数据集合——审计中间表。

（三）保持相对稳定

审计中间表是在具体的审计项目实施过程中，对采集到的源数据进行转换、清理、验证，并进一步根据审计目标进行选择、整合等操作后创建的数据集合，通常具有较为固定的结构。这里有两种情况：如果是对被审计单位的历史数据进行处理，审计中间表不仅具有较为固定的结构，其内容也就是数据的值也是固定的，所以在这样的基础上形成的审计中间表一般是不可更新的；如果是对被审计单位进行实时审计，需要对被审计单位的数据进行在线分析，在被审计单位实时数据上形成的审计中间表的结构也是相对稳定的，变化的只是数据的值。

（四）随着审计分析的深入而变化

从本质上讲，审计中间表是为了审计分析的目的而产生的，不同的审计目的要创建不同的审计中间表；即使是同一个审计目的，分析问题的角度不同，也要创建不同的审计中间表；而随着分析的深入，可能又需要更新的数据，又要在原审计中间表的基础上再创建新的审计中间表。从这些意义上讲，审计中间表的创建，尤其是分析性中间表的创建是一个过程，审计目的没达到，这个过程就不会终结，所以审计中间表要随着审计分析的深入而不断变化，产生新的审计中间表。

四、创建审计中间表的步骤

（一）备份源数据

审计中间表的创建会涉及删除、更新等操作。如果审计人员出现操作失误，将很难恢复数据，需要审计人员重新到被审计单位采集数据，从而影响审计工作的效率和效果。如果审计人员事先不进行备份，容易因操作失误造成难以挽回的影响，延误数据处理的进程，影响审计工作的开展。因此，在创建审计中间表之前，审计人员都应对原始数据进行备份。

（二）设计审计中间表

在具体计算机辅助审计实务中，审计人员通常需要结合被审计单位的经济业务特点，创建多张审计中间表。由于审计中间表需要准确地表达所代表的经济业务类别的信息，其设计和区分标准就是经济业务性质和数据表结构。一张审计中间表中所包含的经济业务数据既要具有相同的经济业务性质，又要具有相同的数据表结构；而不同审计中间表所包含的经济业务数据，既可能经济业务性质不同，又可能数据表结构不同。

审计中间表可以按下列步骤进行设计。

1. 根据业务性质划分业务类别

审计人员在全面了解和熟悉被审计单位经济业务的基础上，根据业务性质划分业务类别。

2. 根据数据表结构细分业务类别

审计人员分析被审计单位的数据字典，根据数据表结构是否相同，对上一步骤中所划分业务类别进行细分。

3. 设计主表

根据不同的业务类别，分别从源数据中选择反映该类别经济业务主要信息的字段，参照数据字典中的规则，重新组织这些字段，设计主表。

4. 设计附表

分析主表中各字段的内容，如果某一字段所包含的内容需要一些附加信息对其加以说明，则找出反映这些附加信息的字段，重新进行组织，设计附表。

5. 设计代码表

分析主表中各字段的内容，如果某一字段所包含的内容是代码，则需要结合代码的含义及其层次结构，设计代码表。

6. 设计补充表

如果还有一些反映某项经济业务信息的数据表，虽与主表中的字段并无直接关联，但也是审计所需要的，则可以设计为补充表。

（三）生成审计中间表

一般而言，生成审计中间表的过程包括分析源数据的表间关联关系、整合数据和选择字段三个步骤。

1. 分析源数据的表间关联关系

表间关系的分析可以通过下列两种途径实现。

（1）利用 Microsoft SQL Server 工具分析。利用 Microsoft SQL Server 的企业管理器可以生成表间的关系图，便于审计人员分析数据之间的关联关系。

（2）阅读技术文档进行分析。数据库设计说明书或数据字典等数据库开发过程中形成的技术文档，是审计人员在审计过程中必须获取并认真阅读的重要资料。审计人员可以通过阅读技术文档获取表间关系的信息。对于复杂的数据库，最简单的途径是阅读有关技术文档。在这些技术文档中，有数据库总体结构、数据库分类、数据库中表间关系的说明，表结构的描述和建立（如数据库、数据表的 SQL 语句）等。在建立基础数据表的语句中，有对主码、外码的定义。审计人员可以通过仔细阅读这些技术文档中的图例、文字说明获取对表间关系的认识。

2. 整合数据

满足审计需求的数据通常分散在不同的数据库或数据表中，我们需要对数据进行整合，将与审计相关的数据进行有机地关联。具体操作中，可以根据表间关系进行数据的连接，并将满足分析主题的数据形成数据仓库，以达到整合的目的。

常见的连接有如下四种。

（1）将因范式分解而分割的数据进行关联。将因范式分解而分割的数据进行关联存在以下两种情况。①将代码类的表与记录具体业务的表进行连接。例如，用"科目代码"字段将科目代码表与明细账关联，将科目名称和明细账的内容连接生成便于审计人员浏览的明细账。②将反映业务流程的表进行连接。某些业务可能被划分为几个流程或包括几个方面的内容，一个流程或一个方面的内容对应一张数据表。为了掌握业务的全貌，可以将反映相关业务流程的表进行关联。

（2）将记录不同时间段的相同结构的数据追加形成某一时期完整的数据。审计人员为了对被审计单位多年的业务数据和会计数据进行分析，有必要将所涉及年份的数据从独立的数据库中导出，追加到一个数据库中。例如，用友财务软件中，一个会计年度的账套对应着一个 Microsoft SQL Server 数据库，而审计人员在分析时希望分析多年的会计数据，则需要将所有年度的账套数据整合到一个数据库中。

（3）将财务数据与业务数据进行整合。通常来讲，财务数据来源于对业务数据的处理。将财务数据与业务数据整合后，审计人员在把握财务数据与业务数据之间关联关系的基础上，通过审计业务数据，对财务数据的完整性和真实性进行审核和验证。

（4）将来源于不同系统的数据进行整合。不同系统间的数据整合要以系统数据间的物理、逻辑连接关系为基础，按照审计分析主题进行整合，体现系统间数据的内在联系。例如，在采购审计中，可将被审计单位的采购数据与供货单位的销售数据进行整合，以审核采购活动不实的情况。

3. 选择字段

选择字段的标准是剔除与审计分析无关的字段，保留审计所需的相关字段。审计人员进行字段选择所依据的是对字段在数据表中的作用以及字段的经济业务含义等方面的理解。因此，在进行字段选择前，审计人员应力求全面、深入地掌握各数据表包含的经济含义，数据行描述的经济事项，关键数据项取值的含义，字段中哪些是为达成数据库技术目的而设计的，哪些是体现经济业务内容的，具体的经济业务含义等内容。

字段的选择应通过审计组充分讨论，并对结果进行书面记录。如果漏选审计所需要的字段，再进行处理，势必会影响审计效果；如果不加区分地选取所有字段，则会造成电子数据内容烦琐，难以把握重点，最终影响数据分析的效率。该阶段的字段选择是在数据清理的基础上侧重于依据本次审计目的的审计范围、内容、重点和目标进行选择。

（四）审计中间表数据验证

审计中间表生成之后需要进行相应的数据验证，以确认在审计中间表创建过程中没有损害数据的完整性和正确性。创建审计中间表阶段主要有以下几方面的数据验证工作。

（1）检查在字段选择工作中，有无因操作失误，将确定需要保留的字段删除，或仍然保留了需要删除的字段。

（2）对数据整合工作中的数据连接操作进行重点关注，检查有无因连接条件出现逻辑错误，或通过连接形成了不正确、改变原来经济含义的数据。

（3）验证数据处理过程中由于突然断电、电磁干扰或者病毒感染出现而使数据完整性受到影响。

审计中间表数据验证的方法包括：①核对总记录数；②核对主要变量的统计量；③利用业务规则进行验证等。具体验证方法参照本书第三章第三节的相关内容。

（五）撰写审计中间表使用说明书

审计中间表创建后，创建人员应当撰写审计中间表使用说明书，记载创建过程、审计中间表的关联关系、各表结构及字段含义，以便数据分析人员有效开展数据分析工作。一般而言，审计中间表使用说明书包括以下几方面的内容。

（1）创建审计中间表的人员分工和重要操作。

（2）生成审计中间表的数据来源、数据之间的具体关联关系。

（3）审计中间表之间的关联关系、各表的结构及各字段的含义。

（4）对审计中间表数据进行分析和使用的建议。

（5）其他需要说明的事项。

由于审计中间表是由不同的审计人员创建的，因此，审计中间表使用说明书应由创建人员分块撰写，再由审计组组长或主审指定相关人员对分块说明进行复核和汇总。只有完成上述工作后，审计数据分析人员才能有效使用审计中间表。

五、审计信息系统的构建

（一）审计信息系统的概述

在计算机辅助审计环境下，审计组在审计项目开始时就必须构建审计信息系统。审计组以审前调查获取的信息为基础，审计中间表构成的审计数据库中心涵盖与该项目相关的人员组织、工作安排等相关管理信息和其他信息，建立审计信息系统，作为审计项目资源的共享和管理平台。审计信息系统主要由三大部分组成：审前调查获取的信息、审计数据库和其他相关信息，如图 4-42 所示。

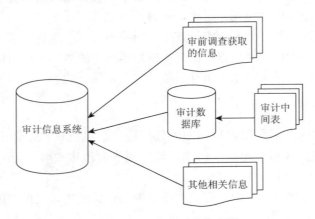

图 4-42　审计信息系统构成图

审计信息系统完成后，审计组组长或主审应制定严格的权限分配和使用管理，并指定专人负责管理和维护审计信息系统。

（二）审计信息系统构建实例

本部分以 A 公司审计信息系统的构建为例，介绍审计人员构建审计信息系统的思路和过程。审计人员对 A 公司本次的审计工作主要从账套数据库中凭证文件和余额表文件开展审计，为便于第五章内容的介绍，本部分也采集了销售发票主表 Salebillvouch 和发货单主表 Dispatchlist，但不进行清理、转换和验证工作。

第一步：审前调查获取信息，作为审计信息系统的基础内容。

在审前调查阶段，审计组根据审计目标制定了审前调查方案，采取网上查阅有关资料、听取情况介绍、调阅资料、找有关部门或人员座谈、发放内部控制和信息系统调查表的方法，获取以下三方面的信息。

（1）被审计单位的基本情况。

（2）被审计单位的信息系统情况。

（3）被审计单位的电子数据情况。

通过审前调查，审计组或审计人员提出如下数据需求：①采集 A 公司的科目代码表数据；②采集 A 公司的凭证表数据；③采集 A 公司的余额表数据。上述几类数据均集中于 A 公司的财务账套数据中，不需要审计人员采集其他系统的业务数据。

第二步：数据采集、转换、清理、验证，创建中间表，搭建审计数据资源平台，作为审计信息系统的中心内容。

1. 数据采集

（1）采集方式。由于 A 公司的科目代码、凭证文件和余额表文件由公司财务部门集中管理，这部分数据由财务人员下载后，交付审计组，财务人员下载数据时，审计组派人员监督。

（2）采集的数据格式。采集的账务账套数据格式是 Microsoft SQL Server 的数据库备份文件"New_Audit"。

2. 数据转换

（1）转换工作。由于采集到的 A 公司数据为 Microsoft SQL Server 数据库备份文件，因此，审计人员拟采用 Microsoft SQL Server 转换数据格式。

（2）转换方法。对于取得的 A 公司数据，审计人员拟采用 Microsoft SQL Server 企业管理器的"还原数据库"功能，将其恢复。恢复的操作步骤参照本章第二节。

（3）数据标准化。这一步完成的实际上是数据转换的第二层含义：明确标出每张表、每个字段的经济含义。A 公司的数据表名和字段名通常都不用汉语标注，不便于审计人员对各数据表和各字段经济含义的把握。因此，需要将 A 公司的数据进行标准化，将表名和字段名进行汉化。数据表名的汉化可以在企业管理器中通过右击表名，选择"重命名"来实现，如图 4-43 所示。而字段名的汉化可以在企业管理器中通过右击表名，选择"设计（G）"实现，如图 4-44 所示。为了方便第五章的数据分析，本部分不进行汉化。

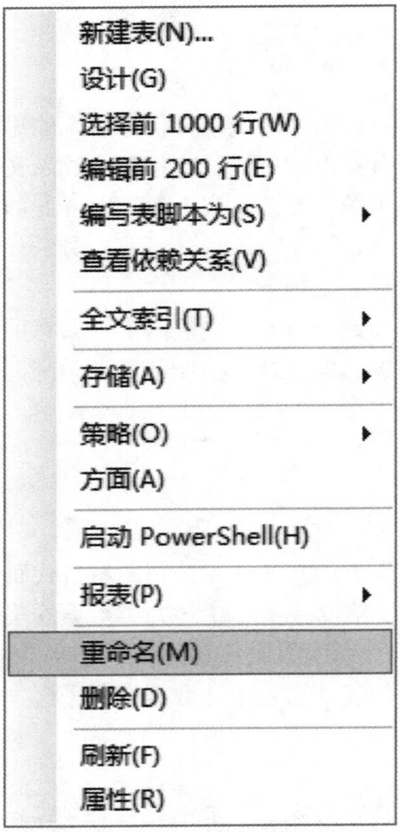

图 4-43　汉化表名或字段名选择菜单

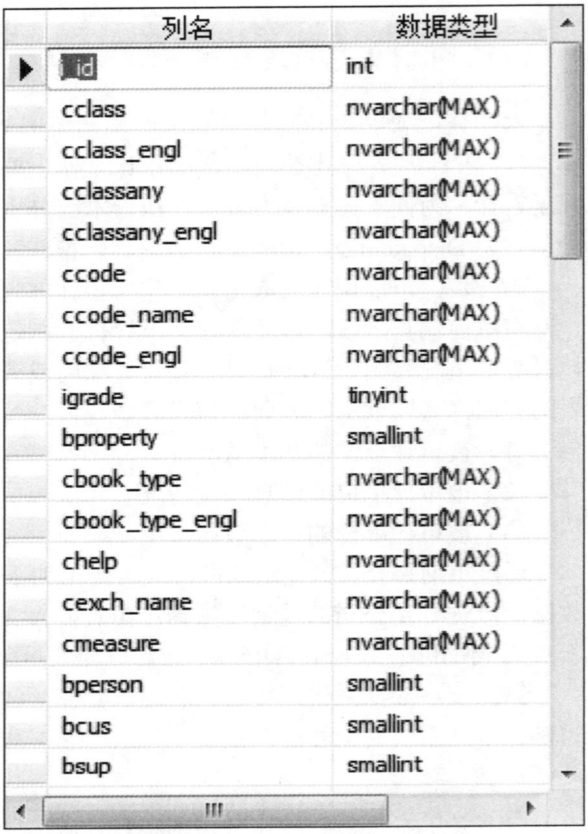

图 4-44　汉化字段名窗口

3. 数据验证

审计人员转换数据完成后，需要核对记录数、核对汇总数、检查借贷平衡、核对代码和验证数据间的逻辑关系。具体验证可参照本书第三章第三节的内容。

4. 数据清理

审计组或审计人员完成数据转换后，需要开展如下三方面的数据清理工作。

（1）清理垃圾数据。在取得的大量数据中含有一些重复的、无效的记录，不利于审计人员对数据进行分析，因此，可根据审计目标将这些记录删除，但应分析被删除的数据，发现审计线索。

（2）对缺失数据进行补充。对于数据验证阶段发现的不完整数据，审计组或审计人员应询问 A 公司财务部门有关人员后进行补充，以保证数据的完整性。

（3）对不准确的数据进行修正。若数据处理中发现部分数据的准确性有待核实，审计组或审计人员将这部分数据挑选出来，要求 A 公司财务部门重新核实，然后根据核实的具体结果进一步修正数据。

5. 创建审计中间表

审计组或审计人员在数据采集、转换、清理、验证的基础上，还需要对源数据进行进一步的选择、整合,生成符合审计需求的审计中间表。为了创建适合审计目的的审计中间表,审计人员需要完成如下工作。

(1)分析表间的关联关系。

审计组或审计人员通过分析表间关系后发现,科目代码表(code)、凭证文件表(GL_accvouch)和余额表文件(GL_accsum)①之间存在如图 4-45 所示的关联关系。

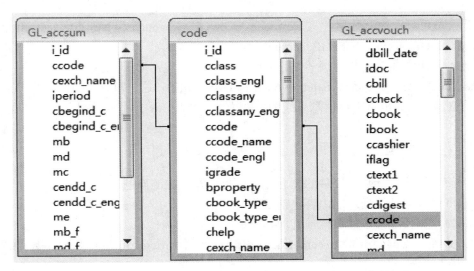

图 4-45　科目代码表、凭证文件表与余额表文件的表间关联关系

(2)编写 SQL 语句,选择、整合数据,生成审计中间表。

首先,整理科目代码表(code)。科目代码表中共有 57 个字段,需要对字段进行选择。根据本次审计的目标,审计组或审计人员仅选择"ccode"、"ccode_name"和"bend"三个字段。

```
Select ccode,ccode_name,bend
into Newcode
from code
```

其次,整理凭证文件表(GL_accvouch)。凭证文件表共有 80 个字段,同样需要对字段进行选择。根据本次审计目标,审计组或审计人员仅选择"iperiod"、"csign"、"ino_id"、"dbill_date"、"cbill"、"ccheck"、"cbook"、"ccashier"、"cdigest"、"ccode"、"md"、"mc"、"cname"、"coutbillsign"和"coutid"等字段。

```
Select iperiod,csign,ino_id,dbill_date,cbill,ccheck,cbook,
ccashier,cdigest,ccode,md,mc,cname,coutbillsign,coutid
into NewGL_accvouch
from GL_accvouch
```

最后,整理余额表文件(GL_accsum)。余额表文件共有 20 个字段,需要对字段进

_____

① 表的字段名同第二章第二节。

行选择。根据本次审计目标，审计组或审计人员选择"ccode"、"iperiod"、"cbegind_c"、"mb"、"md"、"mc"、"cendd_c"和"me"等字段。

```
Select ccode,iperiod,cbegind_c,mb,md,mc,cendd_c,me
into NewGL_accsum
from GL_accsum
```

（3）整理完成后，审计组或审计人员对审计中间表进行验证。验证通过后，审计组或审计人员可删除原有数据，将 Newcode、NewGL_accvouch 和 NewGL_accsum 重新命名为 code、GL_accvouch 和 GL_accsum。

上述审计中间表的集合就构成了 A 公司的审计数据库，包括审计中间表 code、GL_accvouch、GL_accsum、Salebillvouch 和 Dispatchlist，这是审计人员下一步开展数据分析的资源平台，也是审计信息系统的中心内容。至此，A 公司审计信息系统创建完毕。

■ 复习思考题

1. 简要阐述审计数据质量的概念、评价指标及存在的问题。
2. 审计数据预算处理的内容包括哪些？
3. 为什么要进行审计数据预处理？
4. 如何实现 Microsoft Excel、Microsoft Access 和 Microsoft SQL Server 数据之间的互相转换？
5. 为什么要进行审计数据预处理验证？
6. 简要阐述审计中间表的创建过程。

■ 实验项目

1. 读取导入的数据，练习本章第二节介绍的数据转换，练习内容如下。

（1）将文本文件、Microsoft Access 文件和 Microsoft SQL Server 数据库转换到 Microsoft Excel。

（2）将文本文件、Microsoft Excel 文件和 Microsoft SQL Server 数据库转换到 Microsoft Access。

（3）将文本文件、Microsoft Excel 文件和 Microsoft Access 文件转换到 Microsoft SQL Server。

2. 读取导入的数据，练习本章第三节介绍的审计信息系统创建过程。

第五章

审计数据分析

> ## 学习目标

通过本章的学习，应当了解并掌握：

（1）审计数据分析的概念与流程。

（2）审计数据分析技术与方法。

（3）审计数据分析模型的内涵及构建。

（4）审计数据分析报告撰写。

■ 第一节　审计数据分析概述

一、审计数据分析的概念

数据分析的数学基础在 20 世纪早期就已确立，但直到计算机的出现才使实际操作成为可能，并使数据分析得以推广。数据分析是数学与计算机科学相结合的产物。从统计学和计量经济学的角度来讲，数据分析是指用适当的统计分析方法对收集来的大量数据进行分析，提取有用信息和形成结论而对数据加以详细研究和概括总结的过程。这一过程也是质量管理体系的支持过程。在实务中，数据分析可帮助人们做出判断，以便采取适当行动。结合审计的特点，审计数据分析是指运用适当的计算机辅助审计技术对采集来的审计数据进行分析，提取审计线索的过程。审计数据分析结果将为精确延伸取证奠定坚实的基础。

二、审计数据分析的流程

业务流程，是为达到特定的价值目标而由不同的人共同完成的一系列活动。活动之间不仅有严格的先后顺序限定，而且活动的内容、方式、责任等也都必须有明确的安排和界定，以使不同活动在不同岗位角色之间进行交接成为可能。活动与活动之间在时间和空间上的转移可以有较大的跨度。审计数据分析流程由为实现审计目标的一系列活动组成。具体来讲，审计数据分析流程包括掌握数据特点与规律、构建审计分析模型、执行审计分析模型、阐释数据分析模型运行结果和审核数据分析过程五个阶段，如图 5-1 所示。

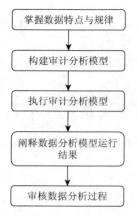

掌握数据特点与规律

↓

构建审计分析模型

↓

执行审计分析模型

↓

阐释数据分析模型运行结果

↓

审核数据分析过程

图 5-1　审计数据分析流程

（一）掌握数据特点与规律

审计中间表是存储被审计单位电子数据和分析结果的载体，而基础性审计中间表是审计人员开展数据分析的基础。审计人员在开展审计数据分析之前，应分析和认识基础性审计中间表的特点与规律。对基础性审计中间表的分析与认识，应达到以下几个方面的要求：①根据审计目标明确需要分析什么；②明确基础性审计中间表的数据可以分析什么；③明确利用哪些数据进行分析；④明确利用什么数据分析方法和分析工具进行分析；⑤明确利用什么样的评分方法分析结果；⑥明确其他目标。

（二）构建审计分析模型

审计人员在对被审计单位电子数据特点和规律认识的基础上，应结合审计目标和被审计单位的特点等，确定系统分析、类别分析和个体分析的具体内容与方法，并构建适合于审计目标实现的审计分析模型。

（三）执行审计分析模型

审计分析模型构建后，审计人员应选择适合的审计分析工具和审计分析技术执行审计分析模型。审计人员在选择审计分析工具时，应灵活多样，不能一味强调审计分析工具的复杂性。例如，系统分析模型可选择 Microsoft Excel 执行，而个体分析模型可选择 Microsoft SQL Server 执行。

（四）阐释数据分析模型运行结果

执行完成审计分析模型后，审计人员需要选择一定的标准和方法对各类分析模型的运行结果进行阐释，以准确把握趋势、规律和异常现象，得出审计数据分析结论，提取被审计单位的审计线索。

通常来讲，审计人员选择的标准和方法包括：①行业主管部门或行业权威部门提供的标准值（或趋势）；②同行业相关指标的平均值；③被审计单位近几年各指标的平均值；④审计专家的经验判断；⑤其他标准或方法。

（五）审核审计数据分析过程

审计数据分析完成后，审计组的其他审计人员应对审计数据分析过程进行审核。审核的主要内容包括：①审核数据选择的正确性；②审核各类分析模型逻辑的科学性和合理性；③审核审计数据分析工具和方法选择的合理性；④审核查询条件设置、语句编写的正确性；⑤审核阐释标准和方法选择的科学性；⑥审核分析结论的科学性。

审计人员经审核后若无异常，则可根据审计数据分析结论，提出延伸审计建议，提交相关审计人员延伸落实，并形成审计调查结果。审计调查结果形成后，审计人员应再次复核数据分析的逻辑是否科学，以提高审计数据分析的科学性。

第二节　审计数据分析技术

审计数据分析用到的技术方法是多种多样的，如 SQL 查询语言、多维数据分析、数据挖掘方法以及数据透视技术等。审计人员在选择审计数据分析技术时，应结合审计目标、电子数据的特点等进行选择，而不能一味地强调审计数据分析方法的先进性和前沿性。

一、SQL 查询语言

SQL 是关系数据库的标准语言，也是一种面向集合的非过程化的语言，具有灵活方便、易学易用的特点。在计算机审计中，SQL 查询技术是审计人员需要掌握的一门基本功，掌握之后审计人员在审计过程中就可以根据不同的分析需要，通过编写 SQL 设置各种条件对数据进行查询分析。SQL 查询技术既可用于总体分析模型的构建，也可用于个体分析模型的构建。

二、多维数据分析

多维数据分析也称为联机分析处理（online analytical processing，OLAP）是以海量数据为基础的复杂分析技术。多维数据分析是充分利用电子数据的特点和规律，对海量数据进行切片、切块、旋转、钻取等多角度立体分析处理，发现趋势、异常的一种复杂分析技术。它支持审计人员从不同的角度快速、灵活地对数据中的少量数据进行多角度查询和分析，并以直观易懂的形式将查询和分析结果展现给审计人员。运用多维数据分析技术有利于对审计对象进行总体把握，锁定审计重点，因此在总体分析模型的构建过程中广为应用。

通俗地讲，维是指审计人员看待问题的角度，多维是指审计人员构建分析模型时应从多个角度观察被审计单位的信息。多维分析技术是构建总体分析模型的方法之一。审计人员对审计项目或重大审计事项总体进行把握时，应从海量数据中迅速找出审计线索，把握被审计单位的总体特征。

三、数据挖掘方法

数据挖掘（data mining），又称为资料探勘、数据采矿。它是数据库知识发现（knowledge-discovery in databases，KDD）中的一个步骤。数据挖掘一般是指从大量的数据中通过算法搜索隐藏于其中信息的过程。数据挖掘通常与计算机科学有关，并通过统计、在线分析处理、情报检索、机器学习、专家系统（依靠过去的经验法则）和模式识别等诸多方法来实现上述目标。

被审计单位在长期的经营过程中积累了大量的财务数据和业务数据，其中隐含着许多具有重要价值的信息。对于审计人员来说，一个非常突出的问题就是在面对被审计单位的海量数据时，如何在有限的时间内充分发现这些信息并准确地确定审计重点。数据挖掘技术作为一种深层次的数据分析技术，不仅能对被审计单位的历史数据进行查询和遍历，而且能够找出大量历史数据之间的潜在联系和规律，从而促进信息的传递。数据挖掘技术能够从海量历史数据中发现数据间隐含知识的特点，使基于这一技术构建审计分析模型成为可能。

　　然而，数据挖掘技术正是使用大量历史数据不可更新的特点来构建审计分析模型，数据挖掘技术需要对被审计单位多年的历史数据进行挖掘，才能从中找出数据间的规律，使其成为对被审计单位有价值的信息。就目前的审计环境而言，在具体审计项目中，被审计单位通常只提供被审计单位会计期间的数据，无法满足运用数据挖掘技术分析对数据的要求。审计机关需要搜集、整理、积累有关审计对象的数据，形成足够的、连续的历史数据，才能实际运用数据挖掘技术来构建审计分析模型。因此，在当前的审计实践中，审计人员虽然也尝试运用这一技术来构建审计分析模型进行分析，但要全面推广应用数据挖掘技术尚有一定的局限性。在目前的计算机辅助审计实务中应用该分析技术的难度较大。

四、数据透视技术

　　数据透视概念起源于 1992 年，是一种可以快速汇总大量数据的交互式方法。数据透视表是针对以下用途特别设计的：以多种友好方式查询大量数据；对数值数据进行分类汇总，按分类和子分类对数据进行汇总，创建自定义计算和公式；展开或折叠要关注结果的数据级别，查看感兴趣区域摘要数据的明细；将行移动到列或将列移动到行，以查看源数据的不同汇总；对最有用和最关注的数据子集进行筛选、排序、分组和有条件地设置格式。

　　在审计数据分析过程中，对于数据量不大的审计项目，审计人员可以直接将数据采集到 Microsoft Excel 中做成数据透视表或数据透视图，而对于数据量相当大的审计项目，Microsoft Excel 无法处理，审计人员往往需要首先开展多维数据分析，在多维数据分析的基础上，将 Microsoft Excel 作为客户端分析软件，对被审计单位电子数据进行有效的分析，进而把握总体、锁定重点、发现审计线索。要达到上述目的，审计人员需要灵活掌握各种审计数据分析工具。

■ 第三节　审计数据分析模型

一、审计数据分析模型的内涵

　　审计数据分析模型的内涵是指其反映客观事物的本质属性，即什么是审计数据分析模型。审计数据分析模型是审计人员用于数据分析的数学公式或逻辑表达式，它是按照审计事项应该具有的性质和数量关系，由审计人员通过设定设计、判断或限制条件建立起来的，用于验证审计事项实际的性质或数量关系，从而对被审计单位经济活动的真实性、合法性和效益性做出科学的判断。

　　审计数据分析模型有多种表现形态：用在查询分析中，表现为一个或一组查询条件；用在多维分析中，表现为切片、切块、旋转、钻取、创建计算机成员、创建计算单元等；用在挖掘分析中，表现为设定挖掘条件。总而言之，审计数据分析模型是一个数学公式或者逻辑的表达式。

二、审计数据分析模型的外延

审计数据分析模型的外延是指具有审计数据分析模型内涵的客观事物的总和，即审计数据分析模型具体包括的类型。按照在审计中的不同功能，可以将审计数据分析模型具体划分为系统分析模型、类别分析模型和个体分析模型三类，其中，系统分析模型和类别分析模型属于总体分析模型的范畴，类别分析模型是系统分析模型的细化和延伸。审计数据分析模型的类型如图 5-2 所示。

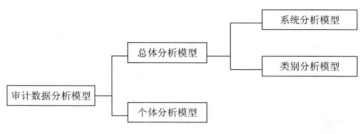

图 5-2　审计数据分析模型的类型图

1. 系统分析模型的作用

系统分析模型主要用于对被审计单位的数据进行整体层次上全面的、系统的分析，发现趋势、异常，帮助审计人员把握被审计单位的总体情况。

2. 类别分析模型的作用

类别分析模型主要按业务类别对审计数据进行分析，指引审计人员发现和锁定重点审计的内容、范围。

3. 个体分析模型的作用

个体分析模型主要用于核查问题、筛选线索，为延伸取证提供明确具体的目标。

三、审计数据分析模型的构建流程

不同类型的审计数据分析模型有其各自不同的主要功能。系统分析模型主要用于把握总体，类别分析模型主要用于锁定重点，个体分析模型主要用于筛选线索。通常情况下，审计人员应该按照"系统分析模型—类别分析模型—个体分析模型"的流程来构建审计数据分析模型，即从总体到细节，如图 5-3 所示。

1. 系统分析模型的构建思路

系统分析模型通过对被审计单位资产、负债、所有者权益、收入、费用、利润和现金流量情况的分析，以及对主要财务指标和业务指标的计算分析，从整体上全面、系统地分析、评估和把握被审计单位的总体情况，对其主要特点、运营规律和发展趋势形成一个总体上的概念和认识，同时初步确定审计重点范围。

2. 类别分析模型的构建思路

在对被审计单位进行系统分析把握总体情况的基础上，还需要根据被审计单位的主

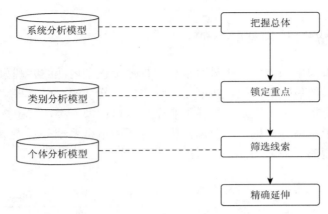

图 5-3 审计数据分析模型构建流程

要业务类别分析建立起类别分析模型，从业务类别的层次上进行分析，查找其经营管理中的薄弱环节，锁定各主要业务类别重点审计的内容、范围。

3. 个体分析模型的构建思路

在对被审计单位的主要业务类别进行类别分析、锁定审计重点的基础上，需要构建不同的个体分析模型，通过对审计重点进行不同角度的深入分析，达到核查问题、筛选线索的目的，从而为下一步的延伸取证提供明确、具体的目标。

可见，由不同类型的模型构成的审计数据分析模型是一个有机联系、相互依存的整体。在具体审计项目中，审计人员首先应根据审计工作方案的要求，通过构建系统分析模型和类别分析模型对被审计单位进行不同层次的总体分析，把握总体情况，锁定审计重点，作为制定审计实施方案和分析具体问题的基础，以避免片面性和盲目性；然后，针对锁定的审计，重点构建个体分析模型，进行不同角度的深入分析，从中发现问题或线索；最终，根据个体分析模型的分析结果精确延伸、调查取证，完成审计。

审计人员可以参照如下思路构建个体分析模型。

（1）利用法律法规构建个体分析模型。

（2）利用数据的勾稽关系构建个体分析模型。

（3）利用业务处理逻辑构建个体分析模型。

（4）利用内部和外部数据关联关系构建个体分析模型。

（5）利用审计经验构建个体分析模型。

■ 第四节 审计数据分析方法

ACL 公司专家 Coderre（2000）提炼出了 17 种常见的数据分析方法。本部分结合 Microsoft Excel、Microsoft Access 和 Microsoft SQL Server 对这 17 种常见的数据分析进行介绍。

一、筛选

筛选是指按照条件对数据进行检索或者选择，是审计数据分析方法中最常见、最简单和最有效的方法之一。无论是通用审计软件，还是专用审计软件，都支持筛选这一方法。使用筛选方法进行数据分析的关键是定义筛选条件，筛选条件可以针对一个基础性审计中间表的一个字段或多个字段设置检索条件。

审计人员在设置筛选条件时，应综合考虑被审计单位的业务特点、电子数据的特点、审计目标等影响因素。因此，审计人员在设置筛选条件时，应着重关注以下几个方面：①理解和掌握需要设置筛选条件的数据，包括字段的含义、取值范围，并对数据记录所代表的业务内容进行理解；②字段数据所表现出的特征；③审计人员执行筛选所要达到的审计目标。基于上述理解，审计人员就可以制定出具体的审计步骤，通过对电子数据的筛选实现审计目标。

例 5.1　以第四章构建的审计数据库“New_Audit”为例，根据该公司《货币资金管理制度》的相关规定，超过 1000 元的支出必须通过银行转账。为测试该公司的内部控制制度，审计人员将重要性水平确定为 1000 元，并编写 SQL 语句，设置如下筛选条件和查询语句筛选出 GL_accvouch 表中现金支出超过 1000 元的记录。

（1）筛选条件：

①ccode like '1001%';

②abs（mc）>= 1000。

（2）SQL 查询语句：

```
Select *
from GL_accvouch
where ccode like '1001%' and abs(mc)>=1000
```

通过上述筛选条件和 SQL 语句，就可以检索出所的现金支出超过 1000 元的记录，如图 5-4 所示。

结果　消息

	iperiod	csign	in...	dbill_...	cbill	cc...	c...	cc...	cdigest	ccode	md	mc
1	10	付	4	2015...	刘芳	李...	刘...	王...	以现金100...	1001	0.00	100
2	11	付	2	2015...	刘芳	李...	N...	王...	用银行存...	1001	0.00	500
3	11	付	3	2015...	刘芳	李...	N...	王...	用现金支...	1001	0.00	800
4	12	付	4	2015...	刘芳	李...	N...	王...	用现金600...	1001	0.00	600

图 5-4　现金支出超过 1000 元的筛选结果

检索出结果以后，审计人员可以根据筛选结果，延伸取证，审阅被审计单位现金支出的纸质材料，取证被审计单位违反《货币资金管理制度》的问题，从而判定被审计单位货币资金管理制度是否得到严格执行。

同时，设置检索条件时，会用到软件工具所提供的内置函数，包括字符函数、日期函数、类型转换函数等。通常来讲，检索条件并不都是直接通过某个字段的简单设置完成的，一些复杂的检索条件还需要设计表达式以完成预期审计目标。

例 5.2　以第四章构建的审计数据库“New_Audit”为例，审计人员在检查现金支出业务时，相当关注现金支出整千元的记录或业务。此时，审计人员可以通过设置如下条件实现筛选。

（1）筛选条件：

①ccode like '1001%'；

②mc＜＞0；

③cast（mc/1000.0 as int）＝mc/1000.0。

"1000.0"属于实数类型的常量，符号"/"是除法运算符。"mc/1000.0"的结果是实数，带有小数位数，而"cast（mc/1000.0 as int）"用于将小数去除，只留下整数部分。如果表达式"cast（mc/1000.0 as int）＝mc/1000.0"成立，即表示求整运算后的结果与原值相等，即只有当贷方发生额（mc）为整千元时，表达式才能成立。

（2）SQL 语句：

```
Select *
from GL_accvouch
where ccode like '1001%' and mc＜＞0 and cast(mc/1000.0 as
int)=mc/1000.0
```

通过上述复杂筛选条件的设置，审计人员可以筛选出 GL_accvouch 表中所有现金支出整千元的记录，如图 5-5 所示。

	iperiod	csign	ino_id	dbill	cbill	cc...	c...	cc...	cdigest	ccode	md	mc
1	10	付	4	20...	刘芳	李...	刘	王...	以现...	1001	0.00	1000.00
2	11	付	2	20...	刘芳	李...	N.	王...	用银...	1001	0.00	5000.00
3	11	付	3	20...	刘芳	李...	N.	王...	用现...	1001	0.00	8000.00
4	12	付	4	20...	刘芳	李...	N.	王...	用现...	1001	0.00	6000.00

图 5-5　现金支出整千元的筛选结果

当然，审计人员也可以将上述复杂筛选条件进行简化，不使用软件工具内置的复杂函数，同样以例 5.2 为例，审计人员可以编写如下筛选用的 SQL 语句实现现金支出整千元的筛选。

```
Select *
from GL_accvouch
where ccode like '101%' and mc＜＞0 and mc like '%000'
```

上述案例只是一个比较简单的例子，在计算机辅助审计实务工作中，审计人员往往会面临着一些更为复杂的筛选条件。

二、排序

排序是审计人员实现审计目标的又一种简单、有效的方法。排序的作用主要体现在以下几个方面。

（1）检索出金额较大或较小的经济业务。重要性概念是基于成本效益原则的要求而产生的。由于现代企业经济活动日趋复杂，审计人员所面对的会计信息量也日益庞大，审计人员既没必要也不可能去审查全部的纸质会计资料，只能在内部控制和风险评估的基础上或者在被审数据分析的基础上，采用抽查的方法去验证被审计单位经济业务的合法性和合理性。审计重要性原则也决定了金额大的业务一般具有很高的关注价值，需要审计人员重点关注。在审计实务工作中，审计人员往往需要关注排序头部和尾部的经济业务。

（2）通过检索发现被审计单位数据存在的规律或异常特征。随着舞弊手段的演变，被审计单位往往会将大规模的经济业务分散于较小的经济业务之中，选取被审计单位的电子数据进行排序，可以发现被审计单位数据存在的规律和异常特征，从而形成审计线索。

例 5.3　以第四章构建的审计数据库"New_Audit"为例，审计人员对被审计单位GL_accvouch 表中的现金支出业务进行排序。

```
Select *
from GL_accvouch
where csign like'付'and ccode like '1001%'
order by mc desc
```

检索结果如图 5-6 所示。

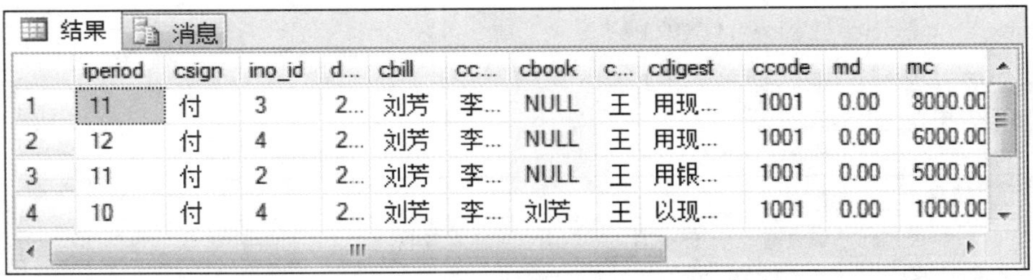

图 5-6　被审计单位现金支出排序结果

审计人员根据上述检索结果进行分析，发现疑点后，直接延伸取证。

三、统计

统计用于检查数值型字段的平均值、方差、最小值、最大值和记录数。统计方法可以查询被审计单位如下几方面的信息。

（1）所有记录的合计值、平均数和记录数。

（2）所有记录正值、负值以及零的记录数。

（3）所有记录绝对值的合计数。

（4）所有记录值的变动范围（最大值减最小值）。

（5）字段值的标准方差。

（6）所有记录的最大值和最小值。

（7）其他有用的统计信息。

通过对某个字段使用统计方法，审计人员发现一些值得关注的经济业务后，可以使用数据分析方法完成如下工作。

（1）确认最大值和最小值是否正常。

（2）达到负值是否正常。

（3）帮助审计人员理解该字段值的范围。

（4）其他有用的数据信息。

例 5.4　以第四章构建的审计数据库"New_Audit"为例，审计人员统计被审计单位 GL_accvouch 表中的主营业务收入"最大值"、"最小值"、"平均值"和"记录数"。

（1）审计人员通过代码表 code 查询"主营业务收入"的科目代码，查询语句如下：

```
Select *
from code
where ccode_name like '%收入%'
```

通过查询 code 表可知，"主营业务收入"的科目代码为"6001"。

（2）审计人员结合"主营业务收入"科目代码，可设计如下 SQL 语句实现被审计单位"主营业务收入"的"最大值"、"最小值"、"平均值"和"记录数"的检索。

```
Select left(ccode,4)科目代码,max(mc)最大值,min(mc)最小值,avg(mc)
平均值,count(*)记录数
from GL_accvouch
where ccode like '6001%'
group by left(ccode,4)
```

检索结果如图 5-7 所示。

图 5-7　主营业务收入统计检索结果

四、查询断号

会计凭证和重要的业务凭证往往都必须预先连续编号。使用查询断号的方法可以检索出记录缺失的文档记录。使用查询断号的方法，可以发现被审计单位的如下一些舞弊行为。

（1）支票或发票号码不连续。

（2）采购订单没有登记。

（3）分支机构没有报告收入。

（4）缺少某个时间段的收据。

（5）其他没有连续编号的情况。

具体案例可参见例 3.6。

五、重号查询

重号查询，是用于检索某个字段或者某个字段组织是否存在重复现象。被审计单位单据重复的主要目的是多种多样的，有些被审计单位单据重复的目的是提高成本费用以减少单位利润，达到少缴纳税收的目的，而有些被审计单位单据重复的目的在于重复计算收入，以达到提高单位净利润的目的。在实务工作中，被审计单位单据或签名等重复的现象主要表现在以下几个方面：①工资支付单据号码重复；②采购订单号码相同；③发票号码相同；④供货商号码与日期相同；⑤合同号码和日期相同；⑥供货商号码和发票号码相同；⑦领取工资的签名大量重复；⑧其他单据或签名重复的现象。

具体案例可参见例 3.7。

六、时间间隔分析

时间间隔分析是指对一笔经济业务不同阶段的日期相差天数进行分析的方法。当时间间隔对分析判断一笔经济业务的有效性和准确性起到重要作用时，审计人员可以使用这一方法。例如，某装修公司 2009 年为一单位装修外墙贴面，时至 2012 年 8 月，该公司还将收取的装修款挂预收款账户，这就是疑点，因为外墙贴面工程不可能历时 3 年时间还未完成。进一步检查就会发现该公司存在利用预收账款账户挂账，不结转收入，偷逃营业税和企业所得税的问题。因此，收入项目长期挂预收款账户、往来账户等问题都应作为检查的重点，深入检查。

例 5.5　以第四章构建的审计数据库"New_Audit"为例，检查发货日期与记账日期的时间间隔。

审计人员要检查发货日期与记账日期的时间间隔需要涉及凭证表 GL_accvouch、销售发票表 Salebillvouch 和发货单 Dispatchlist 三个表。上述三表的关系如表 5-1 所示。

表 5-1　发货日期与记账日期涉及表格之间的关系

GL_accvouch		Salebillvouch		Dispatchlist	
iperiod	会计期间	**sbvid**	销售发票 ID	**sbvid**	发票 ID 号
csign	凭证类型			ddata	发货日期
ino_id	凭证号			cdlcode	发货单号
coutbillsign	外部单据类型	**cvouchtype**	单据类型	csbvcode	发票号
coutid	外部单据号	**csbvcode**	发票号		
dbill_date	制单日期	ddate	日期		
cdigest	摘要	crdcode	收发类别编号		
mc	贷方金额	cdepcode	部门编号		
md	借方金额	csocode	销售订单号		
ccode_equal	对方科目				
ccode	科目编码				

　　由表 5-1 可知，Dispatchlist 表与 Salebillvouch 表中存在着共同含义的字段名"sbvid"，而 GL_accvouch 表的字段"coutbillsign"与 Salebillvouch 表的字段"cvouchtype"都表示单据类型，GL_accvouch 表的字段"coutid"与 Salebillvouch 表的字段"csbvcode"都表示单据类号或发票号。因此，审计人员可以通过连接的方式实现时间间隔的查询，SQL 查询语句如下所示。

```
Select c.iperiod,c.csign,c.ino_id,a.ddate,c.dbill_date,datediff
(day,a.ddate,c.dbill_ date)as ts
from dispatchlist a join salebillvouch b
on a.sbvid = b.sbvid
join gl_accvouch c
on b.cvouchtype = c.coutbillsign and b.csbvcode = c.coutid
where c.ccode like '6001%' and c.mc<>0
order by datediff(day,a.ddate,c.dbill_date)
```

检索结果如图 5-8 所示。

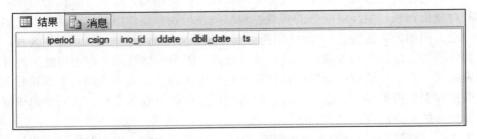

图 5-8　发货日期与记账日期检索结果

　　若发货日期与记账日期的时间间隔过长，审计人员则可形成审计线索，直接提取被审计单位纸质材料以验证数据检索结果是否正确。若验证属实，则表明被审计单位存在延迟确认收入的现象。

七、表达式与计算

　　表达式与计算是指审计人员利用被审计单位的电子数据，使用工具软件提供的函数、运算计算生成新的字段。例如，运用 Microsoft Excel 的折旧函数检查被审计单位年度折旧金额是否存在多提或者少提的现象。

　　例 5.6　A 公司一项固定资产的原值为 90 万元，残值率为 5%，折旧年限为 10 年，A 公司采取年数总和法对固定资产提取折旧，第 7 年提取的折旧金额为 6 万元。审计人员对该项资产的累计折旧计提情况进行审计。

　　（1）打开 Microsoft Excel 2007。

　　（2）在 Microsoft Excel 中录入原值、残值率和折旧年限等原始数据。

　　（3）选择"公式"→"财务"→"SYD"，并录入相关参数，单击"确定"按钮，如图 5-9 所示。

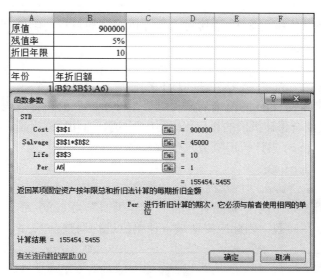

图 5-9　固定资产折旧参数录入窗口

（4）计算得到 A 公司该项固定资产第 7 年的累计折旧金额，如图 5-10 所示。

A	B
原值	900000
残值率	5%
折旧年限	10
年份	年折旧额
1	155454.55
2	139909.09
3	124363.64
4	108818.18
5	93272.73
6	77727.27
7	62181.82
8	46636.36
9	31090.91
10	15545.45

图 5-10　固定资产累计折旧计算结果

由图 5-10 可知，A 公司该项固定资产第 7 年的累计折旧应为 62 181.82 元，与 A 公司计算的 60 000 元存在少提累计折旧 2181.82 元的现象。因此，审计人员应建议被审计单位补提固定资产累计折旧 2181.82 元。

例 5.7　以第四章构建的审计数据库"New_Audit"为例，该公司财务报表附注的累计折旧金额为 9000 元，审计人员对其累计折旧计提情况进行审计。

（1）审计人员首先编写 SQL 语句对"累计折旧"的科目代码进行检索：

```
Select*
from code
where ccode_name like'%折旧%'
```

通过对科目代码表 code 的检索后，得到"累计折旧"的科目代码为"1602"。

（2）审计人员结合累计折旧的科目代码写如下 SQL 语句检索"累计折旧贷方发生额"：

```
Select sum(mc)累计折旧贷方发生额
from GL_accvouch
where ccode like '1602%'
```

检索结果如图 5-11 所示，被审计单位"累计折旧"为 8280 元，而被审计单位财务报表的附注数据存在问题，因此应提请被审计单位进行调整。

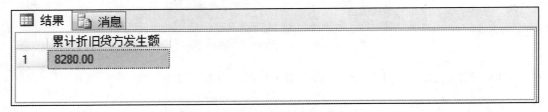

图 5-11　被审单位累计折旧检索结果

八、抽样

审计抽样是审计人员对具有审计相关性的总体中低于百分之百的项目实施审计程序，使所有抽样单位都有被选取的机会，为审计人员针对整个总体得出结论提供合理的基础。审计抽样可使审计人员获取和评价与被选取项目的某些特征有关的审计证据，以形成或帮助形成对从中抽取样本的总体结论。审计抽样对审计人员而言是一个非常有效和有价值的工具。审计抽样使审计人员只需要检查数据总体的一个子集，减少完成审计工具所耗费的精力与时间。恰当审计方法的选用，可以适当提高审计工作的效率和效果。运用工具软件抽样的优势在于，可以比手工抽样更加有效和节约时间。审计人员合理依据自身的专业知识、对审计风险与审计舞弊的判断，结合被审计单位的电子数据，运用计算机辅助审计技术能非常有效地发现被审计单位的审计差错或审计舞弊行为。当然，将计算机辅助审计技术应用于审计抽样并不能完全规避审计风险，非抽样风险也是无法规避的。

计算机技术运用于审计抽样的方法有以下两种。

1. 判断抽样

判断抽样是指审计人员按照预先设定的条件检索出部分记录。运用分组、分层等数据分析方法可以帮助审计人员理解抽样数据总体，从而更加有效地帮助审计人员设置抽样检索条件。

例 5.8　以第四章构建的审计数据库"New_Audit"为例，检索出 GL_accvouch 表中摘要包含"费用"的记录。

```
Select *
from GL_accvouch
where cdigest like'%费用%'
```

检索结果如图 5-12 所示。

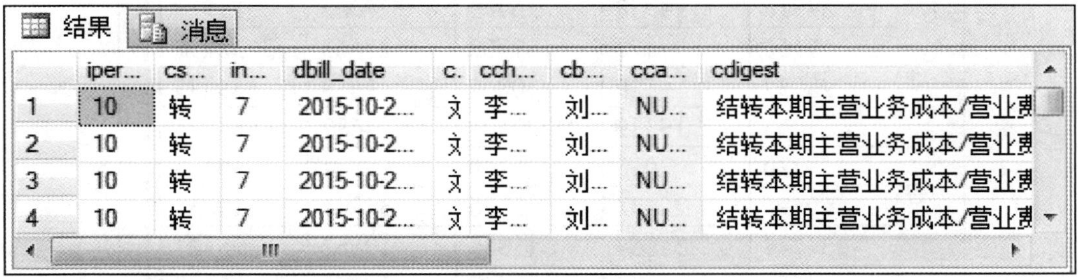

结果　消息

	iper...	cs...	in...	dbill_date	c.	cch...	cb...	cca...	cdigest
1	10	转	7	2015-10-2...	文	李...	刘...	NU...	结转本期主营业务成本/营业费
2	10	转	7	2015-10-2...	文	李...	刘...	NU...	结转本期主营业务成本/营业费
3	10	转	7	2015-10-2...	文	李...	刘...	NU...	结转本期主营业务成本/营业费
4	10	转	7	2015-10-2...	文	李...	刘...	NU...	结转本期主营业务成本/营业费

图 5-12　摘要包含“费用”的记录检索结果

2. 统计抽样

统计抽样是指按照数理统计知识进行样本设计和实施抽样的技术。统计抽样具备以下两个方面的特征：①随机选取样本项目；②运用概率论评价样本结果，包括计量风险。统计抽样的优点在于能够客观地选取样本，科学地计量抽样风险，并通过调整样本规模有效地控制抽样风险，定量地评价样本结果。

计算机技术应用于审计抽样主要是帮助审计人员选取样本。当前，无论通用审计软件，还是专用审计软件，都支持以记录或货币为单位，按照固定间隔、随机间隔和完全随机抽取的统计抽样。选取样本的方法包括随机数选样、系统选样和随意选样。计算机辅助审计技术运用于样本选取，主要是指随机数选样，是指对审计对象总体或子总体的所有项目，按随机规则选择样本。使用随机数选样的前提是总体中的每一项目都有不同的编号，审计人员可以使用 Microsoft Excel 产生随机数据，如电子表格程序、随机数码生成程序、通用软件程序等计算机程序生成随机数，也可以使用随机数表获得所需的随机数。

例 5.9　假定某公司运用 Microsoft Excel 对连续编号为 300～3000 的现金支票进行随机选样，希望选取一组样本规模为 10 的样本。首先，审计人员确定只用随机数表所列数字的前 4 位数与现金支票号码一一对应；其次，确定第 5 列第一行为起点，选号路线为第 5 列、第 4 列、第 3 列、第 2 列、第 1 列，依次进行；最后，按照规定的一一对应关系和起点及选号路，选出 10 个数据。

（1）打开 Microsoft Excel 2007。

（2）在电子表格中输入“ = RAND（）*40000”[①]，设置单元格格式，返回结果不保留小数位数，再将鼠标移动至单元格右下角，待鼠标变成实心十字后，按住鼠标左键向右或向下拖动，即可生成随机数选择表，如图 5-13 所示。

① 为提高选样的随机性，审计人员可将乘号后面的数字增大，如 50 000、90 000、1 000 000 等。

	A	B	C	D	E
1	30087	32150	28439	10132	2218
2	23384	90	7043	34880	11370
3	23794	30484	27912	27202	28447
4	24910	39888	19356	17554	29286
5	34316	24978	26469	27003	21918
6	1160	7477	17708	27663	38457
7	23737	520	30869	1659	39479
8	1065	19339	20595	4689	38425
9	9720	2055	8100	8884	8133
10	10495	20482	12076	34878	10033
11	34734	34864	13856	19552	25321
12	24710	9184	39447	17065	29177
13	5894	32694	5457	13193	11021
14	30255	24293	34466	33723	15062
15	26346	38808	34176	3816	34597
16	31636	20713	16042	36019	24834

Sheet1　Sheet2　Sheet3

图 5-13　审计抽样的随机数选择表

（3）审计人员根据图 5-13 所示的随机数选择表和选取规则，依次选择号码：1137、2844、2928、2191、813、1003、2532、2917、1102、1506。凡前 4 位数在 300 以下或 3000 以上的，因为支票号码没有一一对应关系，均不入选。选出 10 个号码后，按此数据的选取编号与其对应的 10 张支票作为选定样本进行检查。

九、分组计算

分组计算方法是能有效检查舞弊的手段之一。使用分组计算方法的目的在于获取数据和业务运营的总体情况，以便进一步实施审计数据分析。审计人员可选择一个或多个字段进行分组，对其余一个或多个字段进行计数、求和、方差、平均值、最大值、最小值等运算。

例 5.10　以第四章构建的审计数据库"New_Audit"为例，"cbill"字段记录了制单人，请以该字段为分组依据，计算每位"制单人"的"现金支出金额"、"业务笔数"、"最大值"、"最小值"。

Select cbill 制单人,sum(mc)现金支出金额,count(*)业务笔数,max(mc)最大值,min(mc)最小值

from GL_accvouch

where ccode like'1001%'and mc<>0

group by cbill

检索结果如图 5-14 所示。

图 5-14　现金支出分组检索结果

十、分层

在定义总体时，如果总体项目存在重大的变异性，审计人员应当考虑分层。分层是将单元划分为多个子总体的过程，每个子总体由一组具有相同特征（通常为货币金额）的抽样单元组成。分层可以降低每一层中项目的变异性，从而在抽样风险没有成比例提高的前提下减少样本的规模。分层必须仔细界定子总体，使每一个抽样单元只能属于一个层。分层可以按照不同的特征来进行，可以是业务的类型、账户余额的大小、项目的重要程度以及内部控制的强弱等。可见，分层除了能提高抽样效率，也可使审计人员能够按照项目的重要性、变化频率或其他特征而选取不同的样本数，且可以对不同层次使用不同的审计程序。通常，审计应对包括最重要项目的层次实施全部审查。计算机辅助审计技术应用于审计分层是通过 SQL 编写分层命令实现的。分层命令只对数据值型字段有效，不能处理字符型字段。分层命令计算选定字段值落入某一范围的记录数目。

例 5.11　以第四章构建的审计数据库"New_Audit"为例，将银行存款支出明细账从 0 开始到最大值分为 5 层，统计每层业务笔数、金额，以及占总业务笔数、金额的比率。

（1）审计人员首先编写如下 SQL 语句对应收账款的科目代码进行检索：

```
Select *
from code
where ccode_name like '%银行存款%'
```

通过对科目代码表 code 的检索后，得到银行存款的科目代码为"1002"。

（2）审计人员结合银行存款的科目代码编写如下 SQL 语句检索银行存款的"最大值"、"层高"、"业务笔数"和"合计金额"：

```
Select max(mc)最大值，max(mc)/5 层高，count(*)业务笔数，sum(mc)合计金额
from GL_accvouch
where ccode like '1002%' and mc＞0
```

检索结果如图 5-15 所示。

	最大值	层高	业务笔数	合计金额
1	86500.00	17300.00	15	194794.30

图 5-15　银行存款"最大值"、"层高"、"业务笔数"和"合计金额"

（3）审计分层：

Select ceiling(mc/17300)层数，count(*)业务笔数，count(*)/15 业务笔数占比，sum(mc)合计金额，sum(mc)/194794.30 金额占比

from GL_accvouch

where ccode like '1002%' and mc＞0

group by ceiling(mc/17300)

检索结果如图 5-16 所示。

	层数	业务笔数	业务笔数占比	合计金额	金额占比
1	1.00	13	0	72294.30	0.3711314961474
2	3.00	1	0	36000.00	0.1848103358260
3	5.00	1	0	86500.00	0.4440581680264

图 5-16　银行存款分层结果

十一、连接

审计人员将两个不同数据源或相同数据源的数据信息进行排序，并将对应的记录匹配组合在一起，可以检索出一些关键信息。一般而言，通过手工方式将来自两个不同数据源或相同数据源的数据匹配组合，其操作涉及多个文件，往往需要太多的时间。运用计算机完成匹配组合是一个相当理想的方法，它将来自两个或更多数据源信息匹配组织在一起，所需要的时间相当少。本部分以第四章构建的审计数据库"New_Audit"为例介绍如何实现不同数据源或相同数据源连接。

（一）显示记账凭证

记账凭证是被审计单位重要的会计文档。记账凭证反映了经济业务是如何进行会计分类核算的。为了确定经济业务的核算是否使用了正确的科目，审计人员需要让查询结果显示完整的记账凭证。审计人员需要特别注意的是，会计凭证在数据库中的表现形式为一条一条的记录，如记账凭证：

借：固定资产

　　贷：银行存款

在数据库中有两条记录，如图 5-17 所示。

	ip...	csign	i...	dbill...	cbill	c...	cbook	ccas...	cdig...	ccode	md	mc
1	10	付	2	20...	刘..	李..	刘芳	王...	企...	1601	86500.00	0.00
2	10	付	2	20...	刘..	李..	刘芳	王...	企...	1002	0.00	86500.00

图 5-17　记账凭证在数据库中的表现形式

例 5.12　检索出所有现金支出的记账凭证（算法见附录）。

```
Select b.*
from GL_accvouch a join GL_accvouch b on a.iperiod = b.iperiod
and a.csign = b.csign and a.ino_id = b.ino_id
where a.ccode like '1001%' and a.mc<>0
order by b.iperiod,b.csign,b.ino_id
```
检索结果如图 5-18 所示。

	ino_id	dbill...	c...	cc...	cb...	cc...	cdi...	ccode	md	mc	c
1	4	201...	刘.	李.	刘.	王.	以.	6602	1000.00	0.00	
2	4	201...	刘.	李.	刘.	王.	以.	1001	0.00	1000.00	
3	2	201...	刘.	李.	N.	王.	用.	6601	5000.00	0.00	
4	2	201...	刘.	李.	N.	王.	用.	1001	0.00	5000.00	
5	3	201...	刘.	李.	N.	王.	用.	6602	8000.00	0.00	
6	3	201...	刘.	李.	N.	王.	用.	1001	0.00	8000.00	
7	4	201...	刘.	李.	N.	王.	用.	6602	6000.00	0.00	
8	4	201...	刘.	李.	N.	王.	用.	1001	0.00	6000.00	

图 5-18　记账凭证检索结果

（二）用内连接检查记账凭证

从集合运算的角度来看，内连接是对两个集合求交集的运算。在审计实务中，可以检索出两个表共有的内容。例如，存在集合 A 和集合 B 两个集合，内连接检索出的是集合 A 和集合 B 共有的内容，如图 5-19 所示。

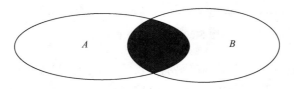

图 5-19　内连接运算示意图

例 5.13　检索出所有赊销收入记账凭证（算法见附录）。

（1）审计人员首先需要理解赊销收入记账凭证，赊销收入的记账凭证格式如下：
借：应收账款
　　贷：主营业务收入
　　　　应交税费-应交增值税（销项）

（2）设计 SQL 语句检索"应收账款"和"主营业务收入"的科目代码：
```
Select *
from code
where ccode_name like '%应收账款%' or ccode_name like'%主营业务收入%'
```

检索出“应收账款”和“主营业务收入”的代码分别为“1122”和“6001”。

（3）设计算法，并编写如下 SQL 语句：

```
Select a.*
from GL_accvouch a join GL_accvouch b
on a.iperiod = b.iperiod and a.csign = b.csign and a.ino_
id = b.ino_id
join GL_accvouch c
on a.iperiod = c.iperiod and a.csign = c.csign and
a.ino_id = c.ino_id
where b.ccode like '1122%' and c.ccode like '6001%'
order by a.iperiod, a.csign, a.ino_id
```

检索结果如图 5-20 所示。

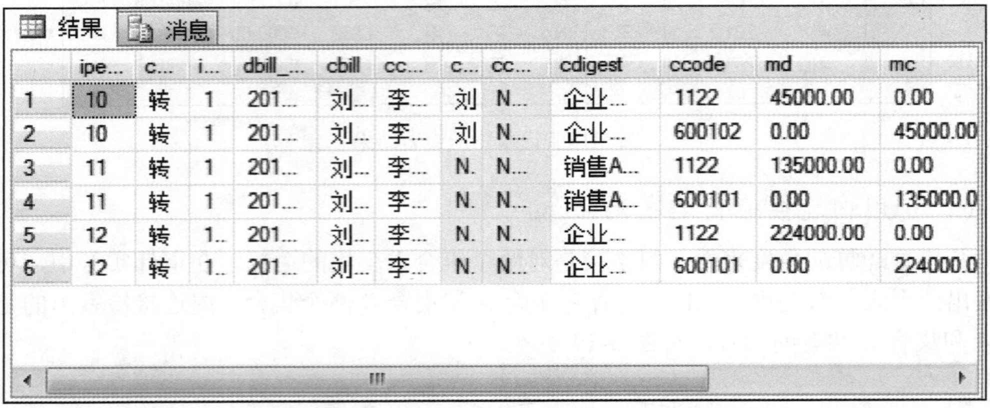

	ipe...	c...	i...	dbill_...	cbill	cc...	c...	cc...	cdigest	ccode	md	mc
1	10	转	1	201...	刘...	李...	刘	N...	企业...	1122	45000.00	0.00
2	10	转	1	201...	刘...	李...	刘	N...	企业...	600102	0.00	45000.00
3	11	转	1	201...	刘...	李...	N.	N...	销售A...	1122	135000.00	0.00
4	11	转	1	201...	刘...	李...	N.	N...	销售A...	600101	0.00	135000.0
5	12	转	1..	201...	刘...	李...	N.	N...	企业...	1122	224000.00	0.00
6	12	转	1..	201...	刘...	李...	N.	N...	企业...	600101	0.00	224000.0

图 5-20 赊销收入检索结果

例 5.14 已知被审计单位科目代码的级次为 42222，检索生成一个新科目代码表，新生成的科目代码表应当包括两个字段（科目代码和科目全称）（算法见附录）。

（1）检索科目代码长度：

```
select distinct LEN(ccode)
from code
```

检索科目代码长度结果为 4 和 6，这表明该单位仅有一级科目代码和二级科目代码。

（2）设计算法思路，编写如下 SQL 语句：

```
Select km.ccode 科目代码,科目全称 =
k1.ccode_name+
    case
      when len (km.ccode) >4 then
        '-'+k2.ccode_name
      else
```

```
            "
        end
into Newcode
from code km join code k1
on left(km.ccode,4)= k1.ccode
join code k2
on left(km.ccode,6)= k2.ccode
```

（3）编写 SQL 语句检索新生成的科目代码表 Newcode：

```
Select *
from Newcode
order by 科目代码
```

检索结果如图 5-21 所示。

	科目代码	科目全称
1	1001	库存现金
2	1002	银行存款
3	1003	存放中央银行款项
4	1011	存放同业
5	1012	其他货币资金
6	1021	结算备付金
7	1031	存出保证金
8	1101	交易性金融资产
9	1111	买入返售金融资产

图 5-21　Newcode 检索结果

（三）用左连接或右连接检查记账凭证

外连接可以实现两个集合的差集运算。外连接又被分为左连接（left join）和右连接（right join）。以集合 A 和集合 B 为例，左连接的差集运算结果如图 5-22 所示，右连接的差集运算结果如图 5-23 所示。

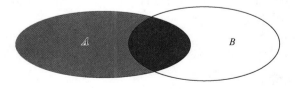

图 5-22　左连接差集运算示意图

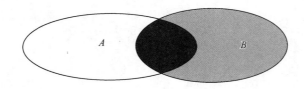

图 5-23   右连接差集运算示意图

例 5.15   检索所有确认收入时，未同时提取增值税的销售收入明细账记录（算法见附录）。

（1）审计人员首先需要理解"未同时提取增值税的销售收入"的记账凭证，这种类型的记账凭证格式如下：

借：银行存款/应收账款

　　贷：主营业务收入

（2）编写如下 SQL 语句检索"主营业务收入"和"应交税费-应交增值税（销项）"的会计科目代码：

```
Select *
from code
where ccode_name like '%主营业务收入%' or ccode_name like '%增值税%'
```

检索出"主营业务收入"一级科目代码和"应交税费-应交增值税（销项）"的科目代码分别为"6001"和"222102"。由检索出的"应交税费-应交增值税（销项）"的科目代码可以看出，被审计单位在会计科目设置方面不规范，未设置应交税费的三级明细科目。

（3）设计算法思路，结合科目代码编写如下 SQL 语句。

①检索所有包括主营业务收入的记账凭证，并封装入视图 V_6001：

```
Create view V_6001
as
    Select a.*
    from GL_accvouch a join GL_accvouch b
    on  a.iperiod = b.iperiod  and  a.csign = b.csign  and
a.ino_id = b.ino_id
    where b.ccode like '6001%' and b.mc<>0
```

②检索视图 V_6001 中会计科目代码包含"222102"的记录，并封装入视图 V_2221：

```
Create view V_2221
as
    Select *
    from V_6001
    where ccode like '222102%'
```

③连接视图 V_6001 和 V_2221，检索出所有未同时提取税金的销售收入凭证：

```
Select a.*
```

```
from V_6001 a left join V_2221 b
on   a.iperiod = b.iperiod   and   a.csign = b.csign   and
a.ino_id = b.ino_id
    where b.ccode is null
```

检索结果如图 5-24 所示。

	ip...	c...	in...	c...	cch...	cb...	cc...	c...	ccode	md	mc
1	10	收	2	刘..	李..	刘..	王..	企..	1002	80000.00	0.00
2	10	收	2	刘..	李..	刘..	王..	企..	600101	0.00	80000.00
3	10	转	1	刘..	李..	刘..	N..	企..	1122	45000.00	0.00
4	10	转	1	刘..	李..	刘..	N..	企..	600102	0.00	45000.00
5	11	收	1	刘..	李..	N..	王..	销..	1002	250000.00	0.00
6	11	收	1	刘..	李..	N..	王..	销..	600102	0.00	250000.0
7	11	转	1	刘..	李..	N..	N..	销..	1122	135000.00	0.00
8	11	转	1	刘..	李..	N	N	销..	600101	0.00	135000.0

图 5-24　未提取增值税的记账凭证检索结果

（四）使用全连接检查

全连接包含两个集合的所有元素，其中既有两个集合共有的元素，也有两个集合中一个有另外一个没有的元素，如图 5-25 所示。

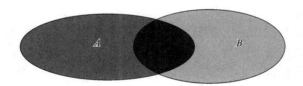

图 5-25　全连接运算示意图

例 5.16　审计人员检查销售发票号是否与记账凭证中所列的发票号一致。

（1）审计人员首先需要理解上述审计检查所涉及的审计中间表。上述审查检查涉及的审计中间表包括 GL_accvouch 和 Salebillvouch。

（2）设计算法思路[①]，编写如下 SQL 语句：

```
Select *
from GL_accvouch a full join Salebillvouch b
on a.coutbillsign = b. cvouchtype and a.coutid = b. csbvcode
where a.ccode is null or(b.cvouchtype is null and a.ccode like
'6001%')
```

检索结果如图 5-26 所示。

---

① 该算法与例 5.12 和例 5.13 的算法基本一致，在此不再赘述。

图 5-26　销售发票与记账凭证发票号不一致的检索结果

十二、趋势分析

趋势分析方法有助于通过检查数据中存在的异常发现有问题的部分，在舞弊检查领域中特别有效。使用软件工具将文件连接在一起，或者在通常独立分开的文件之间建立关系，使审计人员可以通过检查发现变化趋势和舞弊行为。

被审计单位通常采用一些较为简单的方法达到舞弊的目的。被审计单位认为采用一些简单的措施掩盖舞弊行为，就能达到不被审计部门或机构检查出来的目的。被审计单位认为，只要每次舞弊交易不要太过明显，则舞弊行为可以长期进行下去。但是，被审计单位的舞弊行为累计起来，其变化趋势则会出现异常，审计人员可以通过历年的变化趋势检查出被审计单位的异常变化行为。

例 5.17　某审计组检查某农业银行营业部的增值税。在实地检查时，检查人员注意到该农业银行营业部电子显示屏，是由数百块小的电子显示模块组合而成的，这在检查人员的头脑中引起了疑问：电子显示屏是作为一个整体资产使用的，那么他们是如何对这些构成整体资产的显示模块进行核算呢？

通过检查明细账发现，该农业银行在 2016 年 12 月 10 日至 17 日，分若干次在低值易耗品中核算小的电子显示模块，共计金额 276 800 元，当时的账务处理如下：借：低值易耗品，年终时一次性列入成本。农业银行利用这种手段多列成本，造成当期少缴纳企业所得税。

例 5.18　以第四章构建的审计数据库"New_Audit"为例，检索被审计单位管理费用的每月发生额。

（1）编写如下 SQL 语句检索"管理费用"的科目代码：

```
Select *
from code
where ccode_name like '%管理费用%'
```

检索出"管理费用"的科目代码为"6602"。

（2）结合"管理费用"的科目代码编写管理费用每月发生额的如下 SQL 语句：

```
Select iperiod 月份，SUM(md)本月发生额
```

```
from GL_accvouch
where ccode like '6602%' and md<>0
group by iperiod
```

检索结果如图 5-27 所示。

	月份	本月发生额
1	10	1520.00
2	11	10300.00
3	12	42600.00

图 5-27　管理费每月发生额检索结果

由图 5-26 所示的检索结果可知，管理费用从 10 月至 12 月，每月发生额变化趋势相当大，因此，审计人员应对管理费用予以重点关注。

十三、回归分析

回归分析是确定两种或两种以上变量间相互依赖定量关系的一种统计分析方法。运用十分广泛，回归分析按照涉及变量的多少，分为一元回归分析和多元回归分析；按照因变量的多少，可分为简单回归分析和多重回归分析；按照自变量和因变量之间的关系类型，可分为线性回归分析和非线性回归分析。审计人员可以使用数学关系评估独立变量的值。

例 5.19　某酒厂酿酒车间自制原酒。审计人员通过回归分析掌握的原料出酒率一般为 42%，即投入 100 千克高粱大约可出原酒 42 千克。检查某月份高粱投料量与以往月份投料量基本持平，为 25 000 千克，但自制半成品（原酒）明细账入库数量仅为 8750 千克，实际出酒率为 35%，与正常情况下 42% 的出酒率差距较大。为了搞清问题，审计人员抽查了有关的其他核算资料：发现原酒入库单及成本计算单上的完工入库数量与自制半成品明细账入库数虽然完全相符，但该月份自制半成品产量报告所填列的原酒产量却为 10 450 千克。以此产量计算，该月份高粱出酒率实际为 41.8%，与正常出酒率基本持平。经查询落实，财会人员承认隐匿厂原酒产量 1700 千克，并已按每千克 8.5 元的价格全部售出，并隐瞒了所获 14 450 元的收入。

十四、并行模拟

并行模拟是一项可以用检验应用系统程序逻辑是否正确的技术。通过审计软件读取或输入数据并进行处理，将输出的结果与应用系统的处理结果进行对比。

十五、数字分析

数字分析是审计人员检查被审计单位舞弊行为的另外一种方法。不合理或不恰当的数字则可能表明被审计单位存在舞弊行为。应用数字分析最简单的实例就是重复效果，如具有相同发票号码和供应货商号码的交易。一般情况下，发票号码和供货商号码是唯一的，若存在重复数据，则表明被审计单位存在舞弊行为。另一项数字分析技术为查找数字金额为整数的大额支出凭证。例如，5000 元的接待费支出，这种整数金额可能是被审计单位舞弊行为的一种征兆，审计人员应检查其原始凭证。

例 5.20 以第四章构建的审计数据库“New_Audit”为例，检索出所有现金支出整千元的记账凭证。

```
Select b.*
from GL_accvouch a join GL_accvouch b on a.iperiod = b.iperiod
and a.csign = b.csign and a.ino_id = b.ino_id
where a.ccode like '1001%' and a.mc<>0 and cast(a.mc/1000 as
int)= a.mc/1000
order by b.iperiod，b.csign，b.ino_id
```

检索结果如图 5-28 所示。

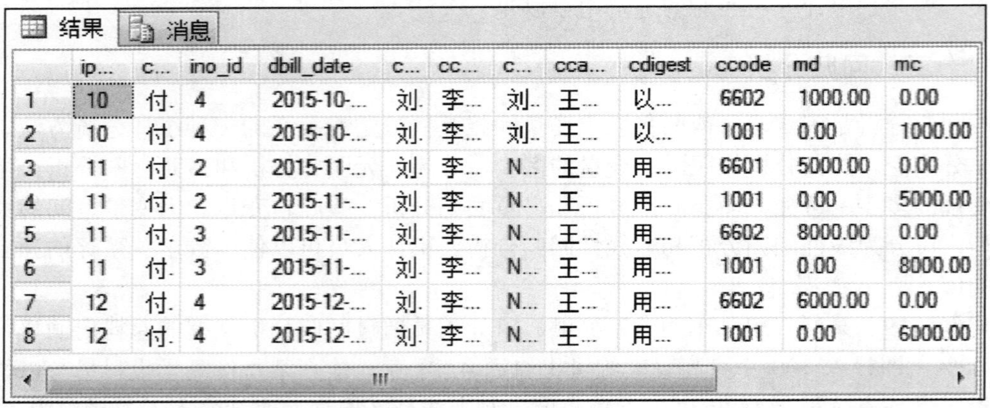

	ip...	c...	ino_id	dbill_date	c...	cc...	c...	cca...	cdigest	ccode	md	mc
1	10	付.	4	2015-10-...	刘.	李...	刘..	王...	以...	6602	1000.00	0.00
2	10	付.	4	2015-10-...	刘.	李...	刘..	王...	以...	1001	0.00	1000.00
3	11	付.	2	2015-11-...	刘.	李...	N...	王...	用...	6601	5000.00	0.00
4	11	付.	2	2015-11-...	刘.	李...	N...	王...	用...	1001	0.00	5000.00
5	11	付.	3	2015-11-...	刘.	李...	N...	王...	用...	6602	8000.00	0.00
6	11	付.	3	2015-11-...	刘.	李...	N...	王...	用...	1001	0.00	8000.00
7	12	付.	4	2015-12-...	刘.	李...	N...	王...	用...	6602	6000.00	0.00
8	12	付.	4	2015-12-...	刘.	李...	N...	王...	用...	1001	0.00	6000.00

图 5-28 记账凭证检索结果

十六、比率分析

审计人员检查被审计单位舞弊行为的又一项重要审计技术是比率分析。财务比率分析可以检查出一个企业的财务健康状况，而数据比率分析可以让审计人员发现被审计单位可能存在的舞弊行为。常用比率如下：①最大值与最小值的比率；②最大值与次最大值之间的比率；③以前年度与当前年度的比率；④财务比率等。

例 5.21 以第四章构建的审计数据库“New_Audit”为例，检索被审计单位现金支出最大值与最小值的比率。

```
Select max(mc)现金支出最大值,min(mc)现金支出最小值,
max(mc)/min(mc)现金支出最大值与最小值的比率
from GL_accvouch
where ccode like '1001%' and mc<>0
```

检索结果如图 5-29 所示。

图 5-29 "现金支出最大值与最小值的比率"检索结果

由图 5-29 所示的检索结果可知,被审计单位现金支出最大值与最小值比率检索结果为 8 倍,审计人员应重点关注现金支出金额较大的记账凭证,以此为审计线索,进行延伸取证。

十七、班福定律

班福(Benford)是 20 世纪 20 年代在美国 GE 工作的一个数学家,班福定律由其最先发现。班福定律是指,在一个不规则数列里,首位数是 1 的概率为 lg(2/1);首位数是 2 的概率为 lg(3/2);首位数为 3 的概率为 lg(4/3);首位数为 9 的概率为 lg(10/9)。班福定律的实质是自然界数字的规律,有了这一参照标准,在审计工作中可以对照此标准来发现异常。当然,数字异常不一定是舞弊导致的,有可能是工作差错,如数据录入错误,也有可能是业务中出现新的情况所导致,如产品结构突然改变。班福定律不能告诉你为什么数字出现异常,但它会提醒你,这里需要特别关注。在业务交易量大的时候能够准确且迅速地定位检查重点,从而提高审计资源配置效率。从这一角度看,班福定律可以提高内审工作效率,提高审计质量。例如,在审计费用开支的时候,应用班福定律,可能会发现某些数字高出正常不少,通过调阅凭证,也许会发现是下级部门为了躲避审批,采用化整为零的方法,把大额费用开支分成若干笔处理。

■ 第五节 审计数据分析报告

审计数据分析报告是记录审计组分析审计中间表数据的过程和结果的文件,也是审计数据分析的载体和标志性文档。

一、审计数据分析报告撰写阶段

审计数据分析报告的撰写工作应贯穿于整个数据分析的全过程,不断丰富和完善,至数据分析工作结束时才最终全部完成。审计数据分析报告通常被划分为分部数据分析报告撰写、汇总数据分析报告撰写和审计数据分析报告复核三个阶段。

(一)分部数据分析报告撰写

分部数据分析报告撰写是汇总数据分析报告撰写的基础。分部数据分析报告由参与审计数据分析的人员独立完成。分部数据分析报告包括两部分内容:①在编制审计实施方案之前,完成系统分析模型、类别分析模型及部分个体分析模型的构建,并完成相应的过程和结果记录,形成初步数据分析报告;②在审计实施阶段,结合审计实施的具体情况，运用不同的审计思路继续构建各类个体分析模型，并将相应的过程和结果补充记录于前一部分数据分析报告中。

（二）汇总数据分析报告撰写

这一阶段，审计组全体人员都有可能参与到数据分析过程，并完成相应的分析过程和结果记录。数据分析小组的全体成员都应参与到整理汇总数据分析报告中来。

（三）审计数据分析报告复核

该阶段的主要任务是由审计组组长或主审复核审计数据分析报告，验证审计数据分析报告的科学性和合理性。

二、审计数据分析报告的基本要素

审计数据分析报告的基本要素应涵盖如下几个方面。

（一）标题

标题应包括被审计单位的名称、审计事项的主要内容和时间。

（二）审计组名称

审计组名称是指完成数据分析报告撰写工作的审计组名称。

（三）时间

时间指完成数据分析报告撰写工作的时间。

（四）数据分析报告内容

数据分析报告应包括如下内容。

1. 数据分析的基本情况

数据分析的基本情况包括：①数据分析中所用电子数据的范围、内容、来源等相关情况；②数据分析中采用的主要技术方法；③数据分析中做出分析结论的主要依据；④其他数据分析情况的说明。

2. 系统分析

系统分析记录审计组进行系统分析的过程和结果，由系统分析模型和系统分析小结组成。

（1）系统分析模型记录构建系统分析模型的方法、步骤、结果。审计需要由多个具体的子模型组成，每个子模型包含模型描述、所需资料、审计模型、模型结果和分析结论等要素。其中，分析结果应至少包括对模型结果的判断结果结论和判断依据两项内容。

（2）系统分析小结是对各项系统分析的总结，主要说明系统分析的主要内容、系统分析实现的主要目标和确定类别分析的内容。

3. 类别分析

类别分析记录审计组进行类别分析的过程和结果，由类别分析模型和类别分析小结组成。

（1）类别分析模型记录构建类别分析模型的方法、步骤、结果。审计需要由多个具体的子模型组成，每个子模型包含模型描述、所需资料、审计模型、模型结果、分析结论和延伸建议等要素。其中，延伸建议是针对分析中发现的审计线索提出的，延伸建议应包括详细的终点描述、存在终点的数据来源单位、终点产生的可能原因分析等内容。如果审计模型未发现需要进行延伸落实的审计线索，则应标注"无"。

（2）类别分析小结是对各项类别分析的总结，至少应包括类别分析结构的总体情况、确定个体模型分析内容和待落实事项等内容。

4. 个体分析

个体分析是进行个体分析的过程和结果，由个体分析模型和个体分析小结两部分组成。

（1）个体分析模型记录构建个体分析模型的方法、步骤、结果。审计需要由多个具体的子模型组成，每个子模型包含模型描述、所需资料、审计模型、审计步骤、模型结果和延伸建议等要素。

（2）个体分析小结是对各项个体分析的总结，应分类列示个体分析模型的分析结果。

5. 其他需要说明的事项

复习思考题

1. 阐述审计数据分析的概念与重要性。
2. 审计分析模型的内涵是什么？审计分析模型包括哪些？
3. 阐述审计分析模型的构建流程。
4. 个体分析模型的构建思路包括哪些？
5. 常用的审计数据分析方法有哪些？
6. 结合本章所学的审计数据分析方法，谈谈各种数据分析方法的优缺点。
7. 审计数据分析报告的基本要素包括哪些？

实验项目

导入第五章的数据，运用 SQL 完成下列数据分析。

（1）该公司《货币资金管理制度》的相关规定为，超过 1000 元的支出必须通过银行转账。为测试该公司的内部控制制度，审计人员将重要性水平确定为 1000 元，并编写 SQL 语句，设置如下筛选条件和查询语句筛选出 GL_accvouch 表中现金支出超过 1000 元的记录。

（2）审计人员在检查现金支出业务时，相当关注现金支出整千元的记录或业务。

（3）审计人员对被审计单位 GL_accvouch 表中的现金支出业务进行排序。

（4）审计人员统计被审计单位 GL_accvouch 表中主营业务收入最大值、最小值、平均值和记录数。

（5）检查发货日期与记账日期的时间间隔。

（6）该公司财务报表附注的累计折旧金额为 9000 元，审计人员对其累计折旧计提情况进行审计。

（7）检索出 GL_accvouch 表中摘要包含"费用"的记录。

（8）"cbill"字段记录了制单人，请以该字段为分组依据，计算每位制单人的现金支出金额、业务笔数、最大值、最小值。

（9）将银行存款支出明细账从 0 开始到最大值分为 5 层，统计每层业务笔数、金额，以及占总业务笔数、金额的比率。

（10）检索出所有现金支出的记账凭证。

（11）检索出所有赊销收入的记账凭证。

（12）已知被审计单位科目代码的级次为 42222，检索生成一个新科目代码表，新生成的科目代码表应当包括两个字段（科目代码和科目全称）。

（13）检索所有确认收入时，未同时提取增值税的销售收入明细账记录。

（14）审计人员检查销售发票号是否与记账凭证中所列的发票号一致。

（15）检索被审计单位管理费用的每月发生额。

（16）检索被审计单位现金支出最大值与最小值的比率。

第六章

Microsoft Excel 在审计数据分析中的应用

➤学习目标

通过本章的学习，应当了解并掌握：

（1）单元格的引用。

（2）数据排序、筛选、分类汇总、数据透视表和查找引用函数功能的应用。

（3）单变量求解、规划求解和多元线性回归的应用。

（4）常见财务函数的应用。

Microsoft Excel 是微软公司办公软件 Microsoft Office 的组件之一，是由微软公司为 Windows 和 Apple Macintosh 操作系统的计算机而编写和运行的一款试算表软件。Microsoft Excel 是微软办公套装软件的一个重要组成部分，它可以进行各种数据的处理、统计分析和辅助决策操作，广泛地应用于管理、统计财经、金融等众多领域。审计人员在审计过程中，可以有效运用 Microsoft Excel 辅助其审计工作，提高审计工作的效率和效果。

■ 第一节　单元格引用

单元格引用是 Microsoft Excel 计算中重要的参数，引用的目的在于指明公式或函数所使用的数据位置。根据公式所在单元格位置发生变化时单元格引用的变化情况，将引用分为相对引用、绝对引用和混合引用三种类型。引用可以跨工作表，也可以跨工作簿。

一、相对引用

相对引用是指当把一个含有单元格地址的公式复制到一个新的位置或者用一个公式填入一个区域时，公式中的单元格地址会随着改变。相对引用不需要在引用的单元格前加上任何符号。例如，单元格 D5 中存放的公式为 "=E3"，则向下拖动 D5 单元格，存放公式也发生变化，即 D6 单元格存放的公式将变化为 "=E4"；向右拖动时 E5 单元格存放的公式将变化为 "=F3"。

二、绝对引用

绝对引用是指在把公式复制或填入新位置时，使其中的单元格地址保持不变。绝对引用需要在引用的单元格前加上$符号，即上述单元格 D5 中存放公式为"＝$E$3"，无论公式怎样拖动或复制都不会发生变化，其引用的位置始终是"＝E3"。

三、混合引用

混合引用是将相对引用和绝对引用结合起来使用，有绝对列和相对行与绝对行和相对列两种形式。即上述单元 D5 中存放公式为"＝$E3"或"＝E$3"。在混合引用中，绝对列和相对行引用时，字母无论如何拖动或复制都不会发生变化，而数字向下拖动或复制会发生变化，而向右拖动或复制数字列不会发生变化；绝对行和相对列引用时，无论数字如何拖动或复制都不会发生变化，而字母向下拖动或复制不会发生变化，而向右拖动或复制会发生变化。

■ 第二节　数据检索

数据检索是一种简单的数据分析，包括对数据的排序、筛选和数据分类汇总等。审计人员可以利用数据检索辅助其审计活动，提高审计工作的效率和效果。本部分以"Account"文件中的凭证文件表为例介绍 Microsoft Excel 的数据检索功能。

一、排序

排序，是指用某个字段名作为分类关键字重新组织记录的排列顺序。Microsoft Excel 允许对整个工作表或表中指定的单元格区域的记录按行或列进行升序、降序或多关键字排序。

（1）先定排序的数据区域。对所有的数据进行排序时，不用选择排序数据区域，直接选择"数据"→"排序"命令，系统会自动选择 Microsoft Excel 中的所有数据记录。对部分数据进行排序时，先选定需要排序的数据区域，再选择"数据"→"排序"命令。

（2）指定排序关键字。选择"数据"→"排序"命令后，会弹出排序对话框，如图 6-1 所示。Microsoft Excel 2007 允许按照多个关键字进行排序，当两个及以上的关键字都选择时排序的顺序是：当主要关键字相同时，第一次要关键字才能起作用；当主要关键字和第一次要关键字都相同时，第二次要关键字才能起作用，以此类推。排序关键字设置完成后，单击"确定"按钮则可得到如图 6-2 所示的排序结果。

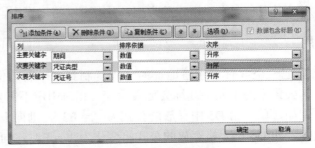

图 6-1　排序对话框

	A	B	C	D	E	F	G
1	期间	凭证类型	凭证号	摘要	科目代码	借方发生额	贷方发生额
2	10	付	1	购入材料一批	140101	5000	0
3	10	付	1	购入材料一批	140102	6500	0
4	10	付	1	购入材料一批	222102	1887	0
5	10	付	1	购入材料一批	1002	0	13387
6	10	付	2	企业购入新设备一台	1601	86500	0
7	10	付	2	企业购入新设备一台	1002	0	86500
8	10	付	3	以银行存款支付本月销售产品的广告费	6601	1520	0
9	10	付	3	以银行存款支付本月销售产品的广告费	1002	0	1520
10	10	付	4	以现金1000元支付厂部办公费	6602	1000	0
10	10	付	4	以现金1000元支付厂部办公	1001		1000

科目代码表　凭证文件表　余额表

图 6-2　凭证文件表排序结果

二、筛选

审计人员可以利用筛选功能将不符合某些条件的记录暂时隐藏起来，只有符合条件的记录才能显示出来，供用户使用和查询。Microsoft Excel 2007 提供了自动筛选和高级筛选两种工作方式。自动筛选是按简单条件进行查询，高级筛选是按多种条件组合进行查询。若要执行筛选操作，则工作表必须要有列标题。

（一）自动筛选

（1）在需要筛选的工作表中选择任意单元格，选择"数据"→"筛选"命令，Microsoft Excel 将在工作表每个列标题的右下角显示一个字段箭头，如图 6-3 所示。

	A	B	C	D	E	F	G
1	期间	凭证类型	凭证号	摘要	科目代码	借方发生额	贷方发生额
5	10	付	1	购入材料一批	1002	0	13387
7	10	付	2	企业购入新设备一台	1002	0	86500
9	10	付	3	以银行存款支付本月销售产品的广告费	1002	0	1520
13	10	付	5	从银行提取现金6000元	1002		6000
15	10	付	6	用银行存款支付厂部全年仓库的租赁费2040元	1002	0	2040
18	10	付	7	以银行存款上交城建税所得税	1002	0	12647
20	10	付	8	错账更正	1002	0	36000
21	10	收	1	向银行借入临时借款	1002	100000	0
23	10	收	2	企业销售A产品	1002	80000	0
	10	收		企业收到红星厂前欠货款	1002	15000	

科目代码表　凭证文件表　余额表

图 6-3　使用自动筛选功能筛选的数据

（2）选择列标题右下角的字段箭头，选择"文本筛选"，可以调出"等于"、"不等于"、"包含"、"不包含"、"开头是"、"结尾是"和"自定义筛选"等功能。

（二）高级筛选

高级筛选是指设置复杂的筛选条件，因此高级筛选的功能十分强大，要使用高级筛选对数据进行操作，最重要的是需要知道如何设置筛选条件及设置条件的一些准则，高级筛选需要在数据区域旁边设置一个条件区域，用来制定筛选的数据必须满足的条件。

条件区域需要符合下列规定。

（1）条件区域必须有列标题，并且要与数据中的列标题在名称上保持一致，但条件区域不需要包含所有的列标题，只需要包括设置条件列标题即可。

（2）在条件区域的列标题下面的若干行中输入所要匹配的条件，并且必须至少有一行条件。

（3）条件区域列标题下的同一行中设定两个以上的条件，则属于多重条件，它们之间是"与"的关系，如图 6-4 所示，图中筛选的含义为：筛选出的科目代码为"1001"且贷方发生额为"1000"的记录。

	A	B	C	D	E	F	G	H	I	J
1	期间	凭证类型	凭证号	摘要	科目代码	借方发生额	贷方发生额		科目代码	贷方发生额
2	10	付	1	购入材	140101	5000	0		1001	1000
3	10	付	1	购入材	140102	6500	0			
4	10	付	1	购入材	222102	1887	0			
5	10	付	1	购入材	1002	0	13387			
6	10	付	2	企业购入新设	1601	86500	0			
7	10	付	2	企业购入新设	1002	0	86500			
8	10	付	3	以银行存款支付本月	6601	1520	0			
	10	付	3	以银行存款支	1002	0	1520			

科目代码表　凭证文件表　余额表

图 6-4　筛选条件在同一行

（4）条件区域列标题下不同行之间的条件是"或"的关系，如图 6-5 所示，图中筛选的含义为：筛选出的科目代码为"1001"或贷方发生额为"1000"的记录。

（5）确保条件和数据区域之间至少留有一行空白行。

设置条件区域后，就可以对数据进行高级筛选，即调出如图 6-6 和图 6-7 所示的高级筛选对话框。

	A	B	C	D	E	F	G	H	I	J
1	期间	凭证类型	凭证号	摘要	科目代码	借方发生额	贷方发生额		科目代码	贷方发生额
2	10	付	1	购入材	140101	5000	0		1001	
3	10	付	1	购入材	140102	6500	0			1000
4	10	付	1	购入材	222102	1887	0			
5	10	付	1	购入材	1002	0	13387			
6	10	付	2	企业购入新设	1601	86500	0			
7	10	付	2	企业购入新设	1002	0	86500			
8	10	付	3	以银行存款支付本月	6601	1520	0			
	10	付	3	以银行存款支	1002	0	1520			

科目代码表　凭证文件表　余额表

图 6-5　筛选条件在不同行

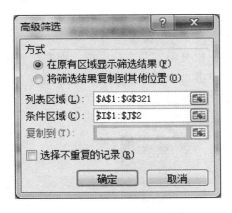

图 6-6　筛选条件同一行的条件设置

图 6-7　筛选条件不同行的条件设置

（6）两种筛选条件设置的结果如图 6-8 和图 6-9 所示。

	A	B	C	D	E	F	G
1	期间	凭证类型	凭证号	摘要	科目代码	借方发生额	贷方发生额
11	10	付	4	以现金1000元支付厂部办公费	1001	0	1000

科目代码表　凭证文件表　余额表

图 6-8　筛选条件同一行的筛选结果

	A	B	C	D	E	F	G
1	期间	凭证类型	凭证号	摘要	科目代码	借方发生额	贷方发生额
11	10	付	4	以现金1000元支付厂部办公费	1001	0	1000
12	10	付	5	从银行提取现金6000元	1001	6000	0
25	10	收	3	王丽外出归来报销因公务出差的差旅费350元	1001	50	0
58	11	付	2	用银行存款支付广告费3000元	1001	0	5000
60	11	付	3	用现金支付管理人员工资	1001	0	8000
63	11	付	5	从银行提取现金800元备用	1001	800	0
114	12	付	4	用现金6000元发放退休职工退休金	1001	0	6000

科目代码表　凭证文件表　余额表

图 6-9　筛选条件不同行的筛选结果

三、分类汇总

审计人员利用分类汇总功能可以实现在 Microsoft Excel 工作表各数据区域中迅速建立数据汇总，而不需要建立数字公式。在工作表中，可以对数据按某一字段分类，把该字段值相同的连续记录作为一类，然后对每一类做统计工作，包括分类汇总、求和、平均值及总计等。审计人员应按如下步骤进行分类汇总。

首先，选中需要分类汇总的区域，以"科目代码"为关键字进行排序。

其次，选择"数据"→"分类汇总"命令，弹出"分类汇总"对话框，根据需要选择"汇总方式"或"选定汇总项"，如图 6-10 所示，单击"确定"按钮后，则可显示"分类汇总"结果，如图 6-11 所示。在选中全部分类汇总区域的基础上，再次选择"数据"→"分类汇总"命令，可删除原有分类汇总结果，还原数据为原来的形式。

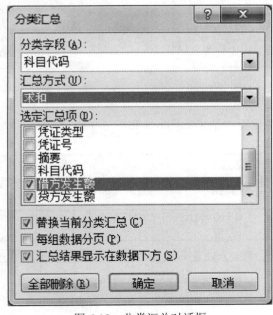

图 6-10　分类汇总对话框

1 2 3		A	B	C	D	E	F	G
	1	期间	凭证类型	凭证号	摘要	科目代码	借方发生额	贷方发生额
	2	10	付	1	购入材料一批	140101	5000	0
	3					**140101**	5000	0
	4	10	付	1	购入材料一批	140102	6500	0
	5					**140102**	6500	0
	6	10	付	1	购入材料一批	222102	1887	0
	7					**222102**	1887	0
	8	10	付	1	购入材料一批	1002	0	13387
	9					**1002 汇**	0	13387
	10	10	付	2	企业购入新设备一台	1601	86500	0

科目代码表 凭证文件表 余额表

图 6-11 分类汇总结果

四、数据透视表

数据透视表是交互式报表，可快速合并和比较大量数据，可旋转行和列以实现源数据的不同汇总，还可以显示明细数据。Microsoft Excel 软件中数据透视表的功能非常强大，能够根据用户的要求将筛选、排序和分类汇总等操作依次完成，并生成汇总表格。它是一项功能非常强大的统计分析工具，不仅可以汇总数据，还可以根据汇总数据编制各种图表。

编制数据透视表时首先要构造它的数据源，本部分继续采用"Account"文件中的凭证文件表，这是编制数据透视表的数据基础。编制一个简单的数据透视表的过程如下。

（1）依次选择"插入"→"数据透视表"命令，则会弹出创建数据透视表对话框，如图 6-12 所示。在创建数据透视表对话框中选择要分析的数据和存放位置后单击"确定"按钮。

图 6-12 创建数据透视表对话框

（2）右击"选择要添加到报表的字段"选项框中的字段，可以将字段设置为"添加到行标签"、"添加到列标签"或者"添加到值"，如图 6-13 所示，设置后在 Microsoft Excel 右下角会出现如图 6-14 所示的界面。

图 6-13　字段设置窗口

图 6-14　字段设置后的界面

（3）"列标签"、"行标签"和"数值"设置完成后，一个简单的数据透视表设计过程结束，如图 6-15 所示。

	A	B	C	D	E
3	求和项:借方	列标签 ▼			
4	行标签 ▼	10	11	12	总计
5	1001	6050	800	320	7170
6	1002	225000	1300300	552800	2078100
7	1122	45000	135000	224000	404000
8	1123	2040	0	0	2040
9	1221	0		0	0
10	140101	5000		20000	25000
11	140102	6500		6000	12500
12	140301			0	0
13	140302			0	0
14	140501	0	0	0	0
15	140502			0	0

科目代码表　数据透视表　凭证文件

图 6-15　数据透视表效果图

（4）在数据透视表区域，选中任意单元格，选择"插入"→"柱形图"（"拆线图"、"饼图"、"条形图"和"面积图"等），会生成数据透视表对应的图形，如图 6-16 所示。

同时，右击"列标签"或"行标签"，可以执行排序（图 6-17）、筛选（图 6-18）等功能；而右击"数值"，则可执行单元格设置、数据格式设置和数据汇总方式设置等功能（图 6-19）。

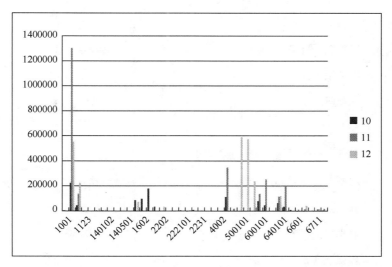

图 6-16　数据透视图

图 6-17　排序功能

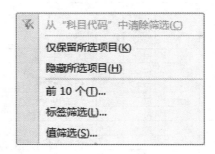

图 6-18　筛选功能

五、查找和引用函数

　　查找和引用函数也是从数据清单中筛选数据的常用工具。与数据库函数所不同的是，它不需要构造独立的条件区域，而是将条件写入函数内部，作为函数的一个参数，它只能按照单一字段对数据清单进行检索，而不能像数据库函数那样通过多个字段的复合条件来查找满足条件的记录。使用查找和引用函数时，要注意分析数据源所处的数据清单中数据的类型和记录的排列规律。在很多情况下，需要将字段的排列顺序进行调整，以适应查找和引用函数的要求。下面以图 6-20 所示的数据清单为例介绍常见查找和引用函数的使用。

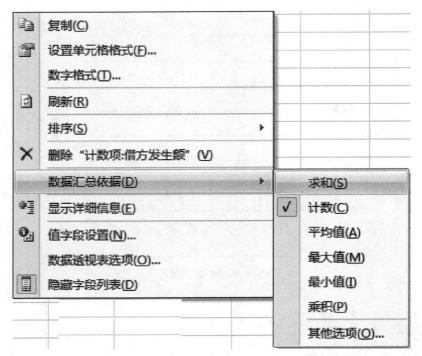

图 6-19　数据区字段设置功能

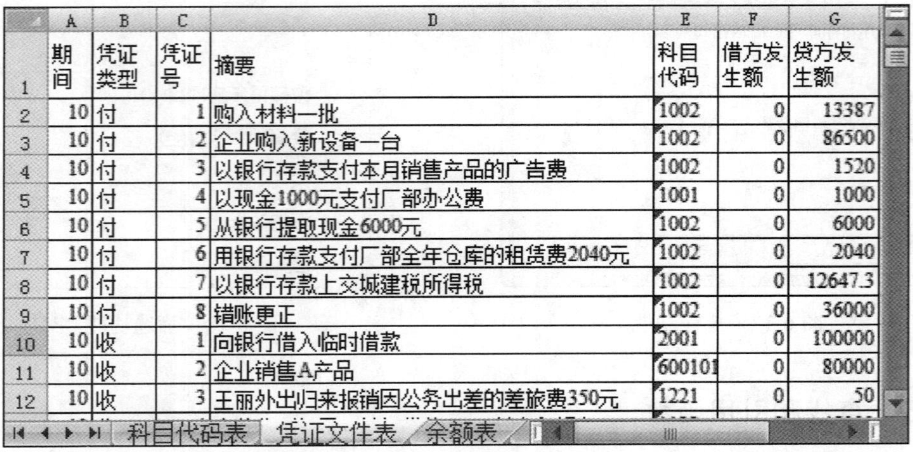

图 6-20　凭证文件表的数据清单

1. INDEX 函数

　　INDEX 函数是返回表或区域中的值或对值的引用。函数 INDEX 有两种形式：数组形式和引用形式。其语法格式如下：

```
INDEX(array,row_num,column_num)
```

其中，array 是一个单元格区域或数组常量；row_num 用于选择要从中返回值的数组中的行，如果省略 row_num，则需要使用 column_num；column_num 用于选择要从中返回值的数组中的列，如果省略 column_num，则需要使用 row_num。例如，INDEX

(A1: G13, 5, 6)可以将单元格区域 A1: G13 中第 5 行第 6 列（即 F5）的数据 "0" 作为函数的返回值。

2. LOOKUP 函数

LOOKUP 函数用于返回向量或数组中的数值。函数 LOOKUP 有两种语法形式：向量和数组。数组形式比较常见，其语法格式如下：

LOOKUP(lookup_value,array)

或

LOOKUP(lookup_value,lookup_vector,result_vector)

其中，lookup_value 为函数在每一个向量中所要查找的数值，它可以是数字、文本、逻辑值或包含数据的名称中引用；lookup_vector 为第一个向量，其数量可以为文本、数字或逻辑值；result_vector 为第二个向量，其大小必须与 lookup_vector 相同。向量为只包含一行或一列的区域。

注意：array 的数值必须按升序排列，否则函数 LOOKUP 不能返回正确的结果。文本不区分大小写。如果函数 LOOKUP 找不到 lookup_value，则查找 array 中小于 lookup_value 的最大数值。如果 lookup_value 小于 array 中的最小值，函数 LOOKUP 返回错误值"#N/A"。由于图 6-20 所示的数据清单已经按照升序排列，则可使用下面的函数：

LOOKUP(10,A2:A7,F2:F7)

返回值为单元格 F2 的值。

3. VLOOKUP 函数

VLOOKUP 函数是 Microsoft Excel 中的一个纵向查找函数，它与 LOOKUP 函数和 HLOOKUP 函数属于一类函数，在工作中都有广泛的应用。VLOOKUP 是按列查找，最终返回该列所需查询列所对应的值；与之对应的 HLOOKUP 是按行查找的。VLOOKUP 函数的语法格式如下：

VLOOKUP(lookup_value,table_array,col_index_num,range_lookup)

其中，lookup_value 为需要在数据表第一列中进行查找的数值。lookup_value 可以为数值、引用或文本字符串。当 VLOOKUP 函数的第一参数省略查找值时，表示用 0 查找。table_array 为需要在其中查找数据的数据表，用于对区域或区域名称的引用。col_index_num 为 table_array 中查找数据的数据列序号。col_index_num 为 1 时，返回 table_array 第一列的数值，col_index_num 为 2 时，返回 table_array 第二列的数值，以此类推。如果 col_index_num 小于 1，函数 VLOOKUP 返回错误值#VALUE!；如果 col_index_num 大于 table_array 的列数，函数 VLOOKUP 返回错误值#REF!。range_lookup 为一个逻辑值，用于指明函数 VLOOKUP 查找时是精确匹配，还是近似匹配。如果为 FALSE 或 0，则返回精确匹配，如果找不到，则返回错误值#N/A。如果 range_lookup 为 TRUE 或 1，函数 VLOOKUP 将查找近似匹配值，也就是说，如果找不到精确匹配值，则返回小于 lookup_value 的最大数值。如果 range_lookup 省略，则默认为近似匹配。根据图 6-20 所示的数据清单，可以查找期间为 "10"，并返回摘要字段的内容：

VLOOKUP(11,A1:G13,4,FALSE)

返回单元格 D2 的值"购入材料一批"。

4. MATCH 函数

MATCH 函数为匹配函数,指返回指定数值在指定数组区域中的位置。MATCH 函数是 Microsoft Excel 的主要查找函数之一。该函数通常有以下几方面的用途:①确定列表中某个值的位置;②对某个输入值进行检验,确定这个值是否存在某个列表中;③判断某列表中是否存在重复数据;④定位某一列表中最后一个非空单元格的位置。查找文本值时,函数 MATCH 不区分大小写字母。其语法如下:

```
MATCH(lookup_value,lookup_array,match_type)
```

其中,lookup_value 是指需要在数据表(lookup_array)中查找的值,可以为数值(数字、文本或逻辑值)或对数字、文本或逻辑值的单元格引用,可以包含通配符、星号(*)和问号(?),星号可以匹配任何字符序列;问号可以匹配单个字符。lookup_array 为可能包含有所要查找数值的连续的单元格区域,区域必须是某一行或某一列,即必须为一维数据,引用的查找区域是一维数组。match_type 表示查询的指定方式,用数字–1、0 或者 1 表示,match_type 省略相当于 match_type 为 1 的情况。当其为 1 时,查找小于或等于 lookup_value 的最大数值在 lookup_array 中的位置,lookup_array 必须按升序排列:否则,当遇到比 lookup_value 更大的值时,即时终止查找并返回此值之前小于或等于 lookup_value 的最大数值的位置;当其为 0 时,查找等于 lookup_value 的第一个数值,lookup_array 按任意顺序排列;当其为–1 时,查找大于或等于 lookup_value 的最小数值在 lookup_array 中的位置,lookup_array 必须按降序排列。利用 MATCH 函数的查找功能时,当查找条件存在时,MATCH 函数的结果为具体位置(数值),否则显示#N/A 错误。根据图 6-20 所示的数据清单,使用下面的函数可以查找摘要"购入材料一批"在 D1:D13 中的相对位置:

```
MATCH("购入材料一批",D1:D13,0)
```

返回值为 2。

■ 第三节　数据分析

Microsoft Excel 提供了许多在数据分析方面的工具,既包括统计学方面的业类分析工具和运筹学方面的规划求解等工具,还包括一些体现电子表格软件特色的数据分析工具。Microsoft Excel 的数据分析功能不仅可以帮助决策者进行决策分析,也可以帮助审计人员验证被审计单位数据处理的准确性。

一、单变量求解

单变量求解是 Microsoft Excel 提供的求解未知数的功能,它的使用方式类似于求解一元方程。单变量求解适用于存在一个未知数的分析模型,在模型当中,未知数和分析结果之间可以存在任意关系。这种关系可以是线性的,也可以是非线线性的。如果模型中存在多个未知数,只要能够将这些未知数都与其中的一个未知数建立函数关系,则可以使用单变量求解功能求解这些未知数。

例 6.1　A 公司的净利润是全年销售额的 20%,前三个季度的销售额分别为 3000 万元、5000 万元、6200 万元，A 企业想了解第四季度的销售额为多少时，才能保证年净利润为 4800 万元。

（1）构建单变量求解的表格，如图 6-21 所示。

	A	B
5	季度	销售额
6	第一季度	3000
7	第二季度	5000
8	第三季度	6200
9	第四季度	
10		
11	年终净利润	=SUM(B6:B9)*20%

图 6-21　单变量求解表格

（2）选中"B11"单元格，选择"数据"→"假设分析"→"单变量求解"命令，则会弹出单变量求解对话框，如图 6-22 所示，并设置目标单元格、目标值和可变单元格，则会计算出第四季度的销售额，如图 6-23 所示。

单变量求解

目标单元格(E)：　B11

目标值(V)：　4800

可变单元格(C)：　B9

确定　　取消

图 6-22　单变量求解对话框

	A	B
5	季度	销售额
6	第一季度	3000
7	第二季度	5000
8	第三季度	6200
9	第四季度	9800
10		
11	年终净利润	4800

图 6-23　第四季度销售额求解结果

二、规划求解

规划求解是一组命令的组成部分，这些命令有时也称作假设分析工具。借助规划求解，可求得工作表上某个单元格（被称为目标单元格）中公式的最优值。规划求解将对直接或间接与目标单元格中公式相关联的一组单元格中的数值进行调整，最终在目标单元格公式中求得期望的结果。规划求解通过调整所指定的可更改的单元格（可变单元格）中的值，从目标单元格公式中求得所需的结果。在创建模型过程中，可以对规划求解模型中的可变单元格数值应用约束条件，而且约束条件可以引用其他影响目标单元格公式的单元格。对某个决策问题进行线性规划时，必须保证决策目标与自变量之间的函数关系是可以具体描述的。

例 6.2 A 公司现金总量为 900 000 元，每次交易成本为 200 元，有价证券利率为 20%，请计算 A 公司的最佳现金持有量。

（1）构建规划求解的表格，如图 6-24 所示。

	D	E
7	现金总量	900000
8	每次交易成本	200
9	有价证券利率	0.2
10		
11	最佳现金持有量规划求解	
12	最佳现金余额	200
13	总成本	=E12/2*E9+E7/E12*E8
14		

图 6-24 规划求解表格

（2）选中 E13 单元格，依次选择"Office 按钮"→"Excel 选项"→"加载项"→"转到"→"规划求解加载项"，单击"确定"按钮。若没有安装"规划求解"，则系统会提示进行补充安装，届时需要把 Microsoft Office 的安装光盘放入或选择 Microsoft Office 安装软件的路径。

（3）选择"数据"→"规划求解"命令，则会弹出如图 6-25 所示的对话框，设置规划求解参数，得到最佳现金余额，如图 6-26 所示。

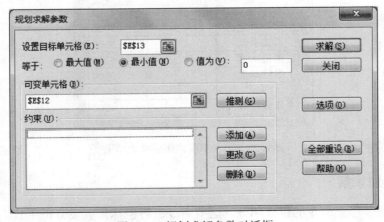

图 6-25 规划求解参数对话框

	D	E
7	现金总量	900,000
8	每次交易成本	200
9	有价证券利率	20%
10		
11	最佳现金持有量规划求解	
12	最佳现金余额	42426.41035
13	总成本	8485.281374

Sheet1 Sheet2

图 6-26　规划求解结果

三、线性回归

回归分析是确定两种或两种以上变量间相互依赖定量关系的一种统计分析方法。审计人员可以使用数学关系评估独立变量的值。在审计实务工作中，比较常用的方法就是通过收集样本数据，利用统计学方面的理论来推测一些规律性的结论。尽管审计实务工作中的情况远比理论假设的情况复杂得多，但不可否认的是正确使用一些统计学工具进行数据挖掘很有帮助。Microsoft Excel 提供了许多统计学的分析工具。

线性回归工具主要用于找出一项活动的结果与其影响因素之间的线性函数关系。但如果函数值与自变量之间存在非线性关系，则只能对那些能够将非线性关系转换为线性关系的活动使用线性回归工具。

本部分以从网址导入的数据"线性回归分析数据"为例，介绍如何使用 Microsoft Excel 进行相关性分析和多元线性回归分析。

（1）依次选择"Office 按钮"→"Excel 选项"→"加载项"→"转到"→"分析工具库"，单击"确定"按钮。若没有安装"规划求解"，则系统会提示进行补充安装，届时需要把 Microsoft Office 的安装光盘放入或选择 Microsoft Office 安装软件的路径。

（2）选择"数据"→"数据分析"命令，则会弹出如图 6-27 所示的数据分析对话框，选择"相关系数"后，单击"确定"按钮，弹出如图 6-28 所示的相关系数对话框，设置参数后，单击"确定"按钮，便可得到分析结果，如图 6-29 所示。

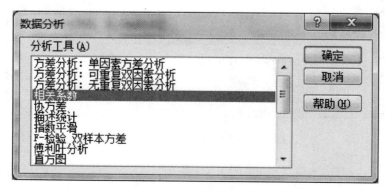

图 6-27　数据分析对话框——相关系数

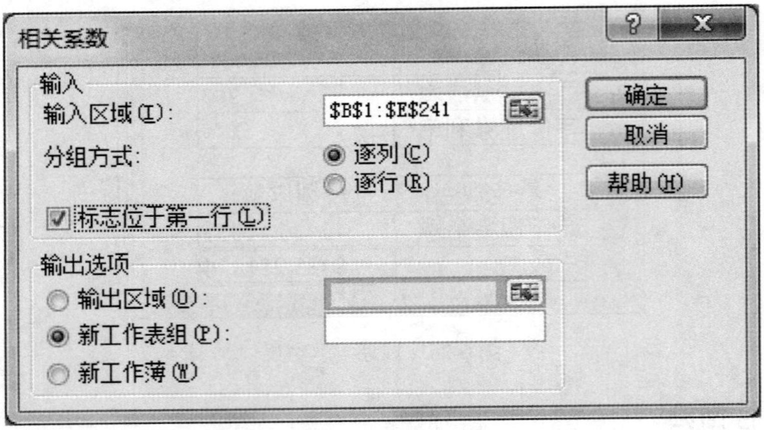

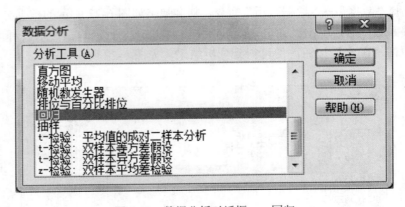

图 6-28　相关系数参数设置对话框

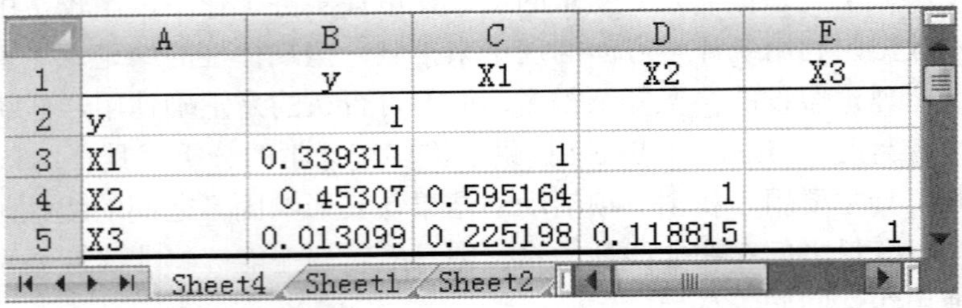

	A	B	C	D	E
1		y	X1	X2	X3
2	y	1			
3	X1	0.339311	1		
4	X2	0.45307	0.595164	1	
5	X3	0.013099	0.225198	0.118815	1

Sheet4　Sheet1　Sheet2

图 6-29　相关系数分析结果

（3）继续选择"数据"→"数据分析"命令，选择"回归"，如图 6-30 所示。单击"确定"按钮后，会弹出回归对话框，如图 6-31 所示。设置相应参数后，单击"确定"按钮，便可得到回归分析结果，如图 6-32 所示。

图 6-30　数据分析对话框——回归

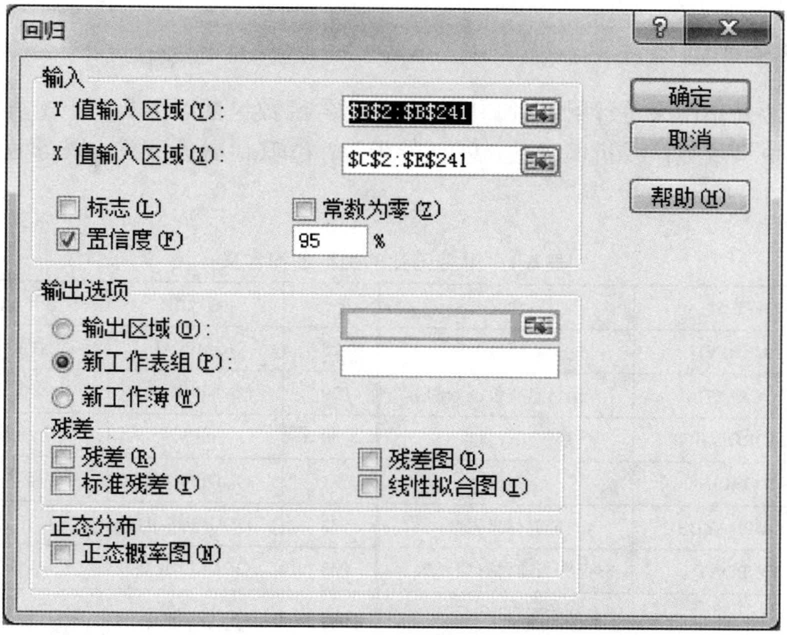

图 6-31 回归参数设置对话框

	A	B	C	D	E	F	G
	SUMMARY OUTPUT						
	回归统计						
	Multiple R	0.4549238					
	R Square	0.2069557					
	Adjusted R	0.1960439					
	标准误差	0.3629112					
	观测值	240					
	方差分析						
		df	SS	MS	F	ignificance F	
	回归分析	3	8.1457099	2.7152366	30.924181	6.754E-17	
	残差	237	31.213975	0.1317045			
	总计	240	39.359685				
		Coefficients	标准误差	t Stat	P-value	Lower 95%	Upper 95%
	Intercept	0.0752687	0.0270933	2.7781314	0.0059051	0.0218943	0.1286431
	X Variable	0	0	65535	#NUM!	0	0
	X Variable	0.4352446	0.0553668	7.861112	1.334E-13	0.3261707	0.5443185
	X Variable	−0.26436	0.3727724	−0.709173	0.4789139	−0.998731	0.4700103

图 6-32 回归分析结果

第四节 财务函数

在审计实务工作中，审计人员会运用财务函数开展审计活动。Microsoft Excel 的财务函数无疑使许多审计工作简化，提高了审计工作的效率和效果。本部分拟对 Microsoft Excel 财务函数的使用进行介绍。

一、财务函数概述

财务函数是指用来进行财务处理的函数。财务函数包括以下几类：①货币的时间价值；②投资决策函数；③折旧函数；④证券函数；⑤其他财务函数。财务函数的函数名和含义如表 6-1 所示。

表 6-1　财务函数的函数名和含义

序号	函数名	含义	序号	函数名	含义
1	ACCRINT	有价证券利息	28	NOMINAL	计算复利利率
2	ACCRINTM	一次付息有价证券利息	29	NPER	计算还款期数
3	AMORDEGRC	直线法计算折旧	30	NPV	净现值计算
4	AMORLINC	折旧	31	ODDFPRICE	计算证券价格
5	COUPDAYBS	证券付息天数	32	ODDFYIELD	计算收益率
6	COUPDAYS	证券当前付息期天数	33	ODDLPRICE	计算现值
7	COUPDAYSNC	证券从购买日期到下一次付息日之间的天数	34	ODDLYIELD	计算收益率
8	COUPNCD	证券付息日期	35	PMT	求分期付款每期额度
9	COUPNUM	证券付息次数	36	PPMT	分期付款的每期本金
10	COUPPCD	证券上一付息日	37	PEICE	定期付息证券价格
11	CUMIPMT	贷款利息	38	PRICEDISC	折价发行证券的价格
12	CUMPRINC	计算贷款偿还本金	39	PRICEMAT	到期付息证券的价格
13	DB	固定余额递减法计算折旧	40	PV	计算资金的现值
14	DDB	双倍余额递减法计算折旧	41	RATE	计算各期利率
15	DISC	证券贴现率	42	RECEIVED	计算债券终值
16	DOLLARDE	分数价格转换小数	43	SLN	线性折旧
17	DULLARFR	小数价格转换分数	44	SYD	年数总和法计提折旧
18	DURATION	定期付息的证券修正期限	45	TBILLEQ	计算国库券的等效收益率
19	EFFECT	计算有效年率	46	TBILLPRICE	国库券的现值
20	FV	求终值	47	TBILLYIELD	国库券的收益率
21	FVSCHEDULE	变动利率下的终值	48	VDB	可变双倍余额递减法
22	INTRATE	一次付息证券的贴现利率	49	XIRR	现金流的内部收益率
23	IPMT	分期付款的利息	50	XNPV	现金流的净现值
24	IRR	内部收益率	51	RIELD	年收益率
25	ISPMT	贷款利息	52	YIELDDISC	贴现收益率
26	MDURATION	计算修正持续时间	53	RIELDMAT	到期付息证券收益率
27	MIRR	计算修正内部收益率			

二、常见财务函数的运用

本部分主要介绍货币时间价值、投资决策以及折旧等常见财务函数的使用。

（一）货币时间价值函数的使用

1. 货币时间价格函数

（1）**FV** 是指返回给定金额的终值，其语法格式如下：

`FV(rate,nper,pmt,[pv],[type])`

（2）**FVSCHEDULE** 是指基于一系列利率返回本金的终值，其语法格式如下：

`FVSCHEDULE(principal,schedule)`

（3）**PV** 是指返回给定金额的现值，其语法格式如下：

`PV(rate,nper,pmt,[fv],[type])`

（4）**RATE** 是指返回复利利率，其语法格式如下：

`RATE(nper,pmt,pv,[fv],[type],[guess])`

（5）**PMT** 是指给定现值或终值返回年金，其语法格式如下：

`PMT(rate,nper,pv,[fv],[type])`

（6）**PPMT** 是指基于固定利率及等额分期付款方式，返回投资在某一给定期间内的本金偿还额，其语法格式如下：

`PPMT(rate,per,nper,pv,[fv],[type])`

（7）**IPMT** 是指基于固定利率及等额分期付款方式，返回给定期数内对投资的利息偿还额，其语法格式如下：

`IPMT(rate,per,nper,pv,[fv],[type])`

（8）**CUMIPMT** 是指返回一笔贷款在给定的 start_period 到 end_period 期间累计偿还的利息数额，其语法格式如下：

`CUMIPMT(rate,nper,pv,start_period,end_period,type)`

（9）**CUMPRINC** 是指返回一笔贷款在给定的 start_period 到 end_period 期间累计偿还的本金数额，其语法格式如下：

`CUMPRINC(rate,nper,pv,start_period,end_period,type)`

2. 货币时间价值函数的参数含义

rate——复利利率。注意：年利率/12 = 月利率。

nper——总投资期。注意：区分按年计息和按月计息，nper 是不一样的。

pmt——年金值。

fv——复利终值。若缺省则假设其值为 0。

pv——复利现值。若缺省则假设其值为 0。

type——给定的付款时间类型。只能为 1（表示期初付款）或为 0（表示期末付款），缺省值为 0。如果 type 为 0 或 1 之外的任何数，函数返回错误值#NUM!。

principal——现值。

schedule——利率数组。schedule 中的值可以是数字或空白单元格，其他任何类型的数据都将产生错误值#VALUE!。空白单元格被认为是 0 利率。

　　guess——预期利率，缺省值为 10%。

　　per——用于计算本金数额（或者利息数额）的期数，必须介于 1 和 nper 之间。

　　start_period——计算中的首期，付款期数从 1 开始计数。

　　end_period——计算中的末期。

3. 货币时间价值函数的应用举例

例 6.3　某投资活动需要在开始的时候一次性支付 20 000 元，每个月的月末支付 800 元，年投资报酬率为 20%，则两年以后的本利函数如下：

= FV（20%/12, 24, –800, –20 000）

通过 Microsoft Excel 财务函数功能实现，则需要选择"公式"→"财务"，选择"FV"函数，弹出如图 6-33 所示的函数参数设置对话框，计算结果为"53 110.194 02"。

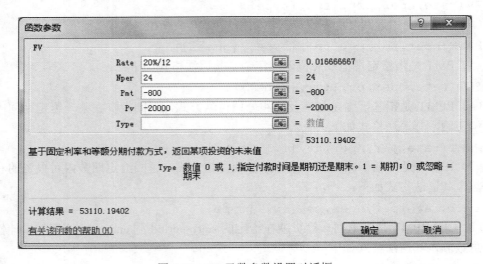

图 6-33　FV 函数参数设置对话框

（二）投资函数的使用

1. 投资函数

（1）NPV 是指给定贴现率以及一系列未来的支出和收入，返回一项投资的净现值，其语法格式如下：

NPV(rate,value1,[value2],…)

（2）XNPV 是指返回一组现金流的净现值，这些现金流不一定定期发生，其语法格式如下：

XNPV(rate,values,dates)

（3）IRR 是指返回一组现金流的内含报酬率，其语法格式如下：

IRR(values,[guess])

（4）MIRR 是指返回某一连续期间内现金流的修正内含报酬率，其语法格式如下：

MIRR(values,finance_rate,reinvest_rate)

（5）XIRR 是指返回一组现金流的内含报酬率，这些现金流不一定定期发生，其语法格式如下：

```
XIRR(values,dates,[guess])
```

2．投资函数的参数含义

rate——贴现率。

value1，value2，…，value254——代表支出及收入的 1～254 个参数。在时间上必须具有相等间隔，并且都发生在期末，而且其顺序就代表了现金流的顺序。

dates——与现金流支付相对应的支付日期表。第一个支付日期代表支付表的开始。其他日期应迟于该日期，但可按任何顺序排列。

values——一系列现金流。必须包含至少一个正值和一个负值，且其顺序就代表了现金流的顺序。

guess——对函数计算结果的估计值。缺省值为 10%。

finance_rate——现金流中使用的资金支付的利率。

reinvest_rate——将现金流再投资的收益率。

3．投资函数的应用举例

例 6.4 A 公司存在三种投资方案，投资的具体数据如表 6-2 所示，A 公司的折现率为 10%，再投资报酬率为 15%，请为 A 公司选择正确的投资方案。

表 6-2　A 公司投资方案具体数据　　　　　　　　　　（单位：元）

期间	A 方案现金流量	B 方案现金流量	C 方案现金流量
0	−20 000	−9 000	−12 000
1	13 000	7 000	4 000
2	15 000	8 000	5 000
3		9 500	4 600

（1）首先创建投资方案表格，如图 6-34 所示。

	A	B	C	D
	折现率	10%	再投资报酬率	20%
	期间	A方案现金流量	B方案现金流量	C方案现金流量
	0	−20000	−9000	−12000
	1	13000	7000	4000
	2	15000	8000	5000
	3		9500	4600
	NPV			
	IRR			
	MIRR			

图 6-34　A 公司投资方案分析表格

（2）选择"公式"→"财务"，依次选择财务函数"NPV"、"IRR"、"MIRR"，并进行相应的参数设置，如图 6-35 所示，并得计算结果如图 6-36 所示。

A	B	C	D
折现率	0.1	再投资报酬率	0.2
期间	A方案现金流量	B方案现金流量	C方案现金流量
0	-20000	-9000	-12000
1	13000	7000	4000
2	15000	8000	5000
3		9500	4600
NPV	=NPV(B1,B5:B7)+B4	=NPV(B1,C5:C7)+C4	=NPV(B1,D5:D7)+D4
IRR	=IRR(B4:B7)	=IRR(C4:C7)	=IRR(D4:D7)
MIRR	=MIRR(B4:B7,B1,D1)	=MIRR(C4:C7,B1,D1)	=MIRR(D4:D7,B1,D1)

图 6-35　A 公司投资方案参数设置表格

A	B	C	D
折现率	10%	再投资报酬率	20%
期间	A方案现金流量	B方案现金流量	C方案现金流量
0	-20000	-9000	-12000
1	13000	7000	4000
2	15000	8000	5000
3		9500	4600
NPV	4214.88	11112.70	-775.36
IRR	25.00%	68.05%	6.38%
MIRR	23.69%	48.01%	10.88%

图 6-36　A 公司投资方案分析结果

（三）折旧函数的使用

1. 折旧函数

（1）SLN 是指返回按年限平均法计提的折旧额，其语法格式如下：

SLN(cost,salvage,life)

（2）DB 是指返回按固定余额递减法计提的折旧额，其语法格式如下：

DB(cost,salvage,life,period,[month])

（3）DDB 是指返回按固定倍数余额递减法计提的折旧额，其语法格式如下：

DDB(cost,salvage,life,period,[factor])

（4）VDB 是指返回按可变固定倍数余额递减法计提的折旧额，其语法格式如下：

VDB(cost,salvage,life,start_period,end_period,[factor],[no_switch])

（5）SYD 是指返回按年数总和法计提的折旧额，其语法格式如下：

SYD(cost,salvage,life,per)

2. 折旧函数的参数含义

cost——原值。

salvage——预计净残值。

life——预计可使用期限（折旧期限）。

period——要计算折旧额的期数，注意要与 life 的单位相同。

month——第一年的折旧月份数，缺省值为 12。

factor——余额递减速率（又称折旧因子），缺省值为 2（即为双倍余额递减法）。

start_period——进行折旧计算的起始期数，注意要与 life 的单位相同。

end_period——进行折旧计算的截止期数，注意要与 life 的单位相同。

no_switch——给定的逻辑值，指定当折旧值大于余额递减计算值时，是否转用直线折旧法（TRUE 为不转，FALSE 为转，缺省值为 FALSE）。

per——要计算折旧额的期数，注意要与 life 的单位相同。

3. 折旧函数的应用举例

例 6.5　A 公司一项固定资产的原值为 100 000 元，使用年限为 5 年，预计残值为 1000 元，请使用双倍余额递减法、直线法和年数总和法计算该项固定资产的折旧额。

（1）首先创建折旧计算表格，如图 6-37 所示。

图 6-37　A 公司折旧分析表格

（2）选择"公式"→"财务"，依次选择财务函数"DDB"、"SLN"、"SYD"，并进行相应的参数设置，如图 6-38 所示，计算结果如图 6-39 所示。

图 6-38　A 公司折旧参数设置表格

	A	B	C	D
1	原始成本:	100000		
2	使用年限:	5		
3	残值:	1000		
4	年份	双倍余额递减法	直线法	年数总和法
5	1	¥40000.00	¥19800.00	¥33000.00
6	2	¥24000.00	¥19800.00	¥26400.00
7	3	¥14400.00	¥19800.00	¥19800.00
8	4	¥10300.00	¥19800.00	¥13200.00
9	5	¥10300.00	¥19800.00	¥6600.00
10	合计	¥99000.00	¥99000.00	¥99000.00

Sheet1　Sheet2　Sheet3

图 6-39　A 公司折旧计算结果

复习思考题

1. 阐述相对引用、绝对引用和混合引用的区别。

2. 单变量求解与规划求解的区别是什么？

3. 结合所学知识，思考如何在审计实务工作中应用 Microsoft Excel 的数据检索、数据分析功能。

4. 结合所学知识，思考如何在审计实务工作中应用财务函数功能。

实验项目

一、导入第六章中的数据，运用 Microsoft Excel 知识，编制资产负债表和利润表。

二、某水泥厂财务评价项目如下。

（一）基础数据

1. 某水泥厂项目建设期为 2 年；第 1 年投入 1500 万元，第 2 年投入 1200 万元，第三年建成投产，并投入流动资金 900 万元；当年取得收入 5200 万元，缴纳销售税金及附加费用 260 万元；第 4～第 12 年达到设计生产能力，每年得到收入 7400 万元，缴纳销售税金及附加费用 370 万元。该项目固定资产的形成率为 90%；运行期末回收资产残值，残值率为 5%；固定资产折旧年限为 12 年；基准折现率为 6%。

2. 该项目总成本费用构成见表 6-3（每人 1 组数据，** 为学生学号后两位，* 为学生学号后一位，总成本费用未包含累计折旧）。

表 6-3　总成本费用构成表

序号	项目	投产期	达产期								
		3	4	5	6	7	8	9	10	11	12
1	直接材料费用	3185	4200	4200	4200	4200	4200	4200	4200	4200	4200
2	直接人工费用	16*	16*	16*	16*	16*	16*	16*	16*	16*	16*

续表

序号	项目	投产期	达产期									
		3	4	5	6	7	8	9	10	11	12
3	制造费用	35*	35*	35*	35*	35*	35*	35*	35*	35*	35*
4	管理费用	30*	30*	30*	30*	30*	30*	30*	30*	30*	30*
5	销售费用	155	2**	2**	2**	2**	2**	2**	2**	2**	2**
6	财务费用	230	194	158	122	86	50	50	50	50	50

3. 该项目按照国家规定执行 25% 的所得税税率。

4. 该项目投产后按照净利润的 15% 提取资本公积金和公益金。

5. 该项目每年保留 15% 的利润不进行分配。

（二）要求

综合运用 Microsoft Excel 和财务管理等学科知识，对某水泥厂项目进行财务评价。

第七章

Microsoft Access 在审计数据分析中的应用

> **学习目标**

通过本章的学习，应当了解并掌握：

（1）查询的类型、功能和准则。

（2）单表查询的应用。

（3）多表查询的应用。

（4）选择查询、交叉表查询、汇总查询、参数查询、重复项查询和查找不匹配项查询。

（5）更新查询、生成表查询、删除查询和追加查询。

■ 第一节　Microsoft Access 查询概述

运用查询，审计人员可以从数据表中检索出需要的数据。检索的结果本身又可以看作一个数据表，可以和其他数据表一起构成数据库操作的数据源。

一、查询的类型

根据审计目标，审计人员可以设置限制条件选择数据表中的数据或记录。Microsoft Access 查询可以划分为选择查询、生成表查询、追加查询、更新查询、交叉表查询和删除查询六种类型。

（1）选择查询是最常用的查询类型，它从一个或多个相关联的表中检索数据或记录，并且用数据视图显示结果，也可以使用选择查询对记录进行分组，或进行对记录求和、计数、平均值或其他类型的计算。

（2）生成表查询可以根据一个或多个表中的全部或部分数据新建表，生成表查询有助于创建表以导出到其他 Microsoft Access 数据库或包含所有旧记录的历史表。

（3）追加查询将一个表或多个表中的一组记录添加到一个或多个表的末尾。

（4）更新查询可以对一个或多个表中的一组记录进行全局的更改，使用更新查询时，可以更改已有表中的数据。

（5）交叉表查询可以看作选择查询的一种附加功能，不仅可以用于计算数据的总和、平均值等，还可以重新组织数据的结构，以便更加方便地进行数据分析。

（6）删除查询可以从一个或多个表中删除一组记录，使用删除查询时，通常会删除整个记录，而不只是记录中所选择的字段。

除上述查询类型外，Microsoft Access 还提供了一个特殊的查询类型——SQL 查询。由于第五章对 SQL 查询进行了阐述，本章将不对 SQL 查询进行介绍。

二、查询的功能

使用查询可以按照不同的方式查看、更改和分析数据，也可以用查询作为窗体、报表和数据访问页的记录源。查询基本上可以满足审计人员的以下要求。

（1）选择所要查询的基本表或查询（一个或多个）。

（2）选择想要在结果集中见到的字段。

（3）使用准则来限制结果集中所要出现的记录。

（4）对结果集中记录排序次序进行选定。

（5）将结果集中的记录进行统计。

（6）将结果集汇集成一个新的基本表。

（7）将结果作为数据源创建窗体和报表。

（8）根据结果建立图表，得到直观的图像信息。

（9）在结果集中进行新的查询。

（10）查找不符合指定条件的记录。

（11）建立交叉表形式的结果集。

（12）在其他数据库软件包生成的基本表中进行查询。

（13）批量地向数据表中添加、删除或修改数据。

从某种意义上说，能够进行查询是使用数据库管理系统来管理大量数据区别于用电子表格软件 Microsoft Excel 管理数据最显著的特点。

三、查询的准则

在审计实务中，审计人员往往需要指定一定的条件来进行查询。这种带条件的查询需要通过设置查询准则来实现。查询准则是指在查询中用来限制检索记录的条件表达式，它是算术运算符、逻辑运算符、常量、字段值和函数等的组合。

（一）算术运算符

算术运算（arithmetic operators）符，就是用来处理四则运算的符号，这是最简单，也最常用的符号，尤其是数字的处理，几乎都会使用到算术运算符。常见的算术运算符如表 7-1 所示。

表 7-1　算术运算符

运算符	功能	举例	结果
+	两个运算相加	5+5	10
–	两个运算相减	90–10	80
×	两个运算相乘	20×30	600
/	一个运算被另一个运算除	19/4	4.75
\	整除（结果只包含整数部分，不包含小数部分	19\4	4
Mod	返回被整除后的余数	19 Mod4	3
^	指数	2^4	16

（二）连接运算符

连接运算符主要用于连接两个字符串。连接运算符有"&"和"＋"。"&"用来强制两个表达式作为一个字符串连接。例如，"Like"&"English"的结果为"LikeEnglish"，而"Like"&90&"English"的结果为"Like90English"。"＋"用于连接两个字符串。要求"＋"号两端的类型必须一致。例如，"Like"+"English"的结果为"LikeEnglish"，"Like"+90+"English"，系统会提示错误信息，即"类型不匹配"，即连接运算符"+"必须要求运算符两端的数据类型相同才能连接。为了避免与算术运算符"＋"号混淆，一般用"&"号进行两个字符串的连接而尽量不使用"＋"号。

（三）关系运算符

关系运算符有六种关系，分别为小于、小于等于、大于、等于、大于等于、不等于，如表 7-2 所示。

表 7-2　关系运算符

运算符	功能	举例	含义
=	等于	="李三"	等于"李三"
<	小于	<6000	小于 6000
>	大于	>6000	大于 6000
<=	小于等于	<= 900	小于等于 900
>=	大于等于	>= 3000	大于等于 3000
<>	不等于	<>0	不等于 0

（四）逻辑运算符

逻辑运算符把语句连接成更复杂的复杂语句。常见的逻辑运算符包括逻辑与、逻辑或和逻辑非，如表 7-3 所示。

表 7-3　逻辑运算符

运算符	功能	举例	含义
And	逻辑与	"学生" And "班干部"	是班干部的学生
Or	逻辑或	"党员" Or "班干部"	班干部或者党员
Not	逻辑非	Not "班干部"	不是班干部

（五）其他相关运算符

其他相关运算符还包括 Between、In、Is 和 Like，如表 7-4 所示。

表 7-4　其他相关运算符

运算符	功能	举例	含义
Between	决定一个数值是否在一个指定值范围内	Between 20 And 30	20～30
In	决定一个字符串是否为一列表值的成员	In（"会计学院"，"金融学院"）	属于"会计学院"或"金融学院"
Is	与 Null 一起使用，决定一个值是否为"空"或"非空"	Is Null Is Not Null	表示字段无数据 表示字段有数据
Like	决定一个字符串是否以一个或更多字符开始，需要通配符 "*" 号或 "？" 号以使 Like 运算符正确使用	Like "6001*"	以 "6001" 开头的字符

（六）函数

审计人员在 Microsoft Access 查询设计中经常会用到函数辅助查询设计。常见的查询函数如表 7-5 所示。

表 7-5　常见的 Microsoft Access 查询函数

名称	格式	功能
取整函数	Int（<数值表达式>）	取"数值表达式"值的整数部分值
截取左子串函数	Left（<字符串表达式>，<数值表达式>）	从"字符串表达式"最左端的第 1 个字符开始，截取"数值表达式"值个字符
截取右子串函数	Right（<字符串表达式>，<数值表达式>）	从"字符串表达式"最右端的第 1 个字符开始，截取"数值表达式"值个字符
测试字符串长度函数	Len（<字符串表达式>）	返回"字符串表达式"的字符个数
系统日期函数	Date（）	返回当前系统日期
年函数	Year（<日期表达式>）	返回年的四位整数
月函数	Month（<日期表达式>）	返回 1～12 的整数，表示一年的某月
返回日期指定部分函数	DatePart（interval，date）	返回给定日期的指定部分
指定日期间隔函数	DateAdd（interval，number，date）	将指定日期加上某个时间间隔
判断日期间隔函数	DateDiff（interval，date1，date2）	判断两个日期之间的间隔

续表

名称	格式	功能
替换空值函数	Nz（variant [，valueifnull]）	如果 variant 的值不为 Null，则 Nz 函数将返回 variant 的值。如果 variant 的值为 Null，则 Nz 函数返回指定值
返回字符串中包含的数字函数	Val（string）	返回作为适当类型的数值的字符串中包含的数字
数字转换为字符串函数	Str（number）	将数字转换为字符串
条件判断函数	If（expr，truepart，falsepart）	根据表达式返回特定的值。如果该表达式为 TRUE，则 If 返回某一个值；如果为 FALSE，则 If 返回另一个值

第二节　创建查询

一、单表查询

单表查询是指对一个表进行查询，可以只显示一个表中对用户有用的数据，以便用户浏览。一般而言，Microsoft Access 提供了查询向导和查询设计视图两种方式创建查询。本部分主要介绍如何运用查询设计实现单表查询。

例 7.1　以 A 公司 Microsoft Access 数据库"Account"中的 GL_accvouch 为例，查询表中科目代码为"1001"的所有记录。

（1）启动 Microsoft Access 2007，读取导入的数据，打开"账套数据"数据库。

（2）选择"创建"→"查询设计"，弹出如图 7-1 所示的对话框，添加 GL_accvouch 后，单击"关闭"按钮。

图 7-1　显示表对话框

（3）在查询设计窗口中设置显示字段和查询条件。首先，双击"ccode"字段，在条件栏输入：Like"1001*"，完成对查询条件的设置。其次，双击 GL_accvouch 中的"*"号字段，设置为显示字段，如图 7-2 所示。

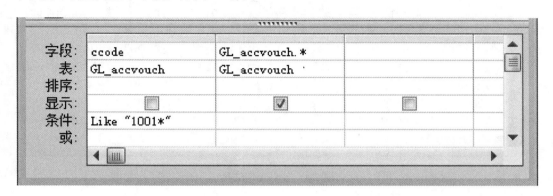

图 7-2　单表查询显示字段与查询条件设置

（4）单击 Microsoft Access 2007 右上角的视图按钮，选择"数据表视图"，如图 7-3 所示，则会弹出查询结果，如图 7-4 所示。

图 7-3　查询视图选择界面

（5）单击左上角的"保存"按钮，弹出另存为对话框，如图 7-5 所示。在另存为对话框中输入：检索科目代码为"1001"的所有记录，单击"确定"按钮后，Microsoft Access 左侧窗格会显示保存后的查询，如图 7-6 所示。

图 7-4 单表查询结果

图 7-5 另存为对话框   图 7-6 Microsoft Access 左侧窗格对象

二、多表查询

在审计实务中，往往会涉及对多个表的查询，所以需要建立基于多个表的查询，从而可以从多个表中检索符合条件的记录。如果一个查询同时涉及两个或者更多的数据表时，则称为连接查询。

（一）选择查询

例 7.2 通过 GL_accsum 和 code 创建内连接查询，设置连接属性，查询结果包含"总账科目代码"、"总账科目名称"、"年初余额方向"、"年初余额"等供审计人员浏览查看。

（1）依次选择"创建"→"查询设计"，选择 GL_accsum 和 code。

（2）设置 GL_accsum 和 code 的连接属性，将 GL_accsum 和 code 共有的字段"ccode"通过拖动连接起来，如图 7-7 所示，双击连接线，则会弹出如图 7-8 所示的对话框，设置连接属性。

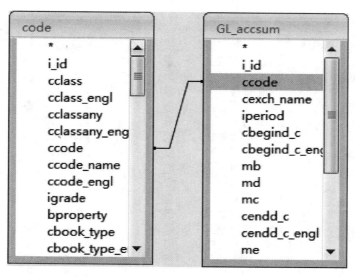

图 7-7 GL_accsum 和 code 的连接

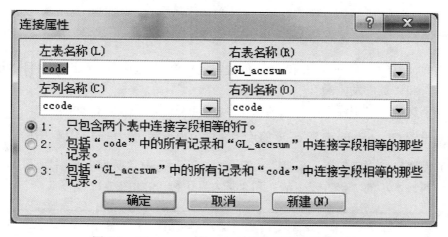

图 7-8 GL_accsum 和 code 的连接属性设置对话框

（3）设置查询显示字段和查询条件，如图 7-9 所示。查询结果如图 7-10 所示。

字段：	总账科目代码：ccode	总账科目名称：ccode_name	年初余额方向：cbegind_c	年初余额：mb	表达式1: Len([GL_accsum.ccode])	iperiod
表：	GL_accsum	code	GL_accsum	GL_accsum		GL_accsum
排序：						
显示：	☑	☑	☑	☑	☐	☑
条件：					=4	=1
或：						

图 7-9 设置查询显示字段和查询条件

（二）汇总查询

汇总查询是一种特殊的选择查询对象，有时并不关心表中各记录的数据，而是关心某字段的统计值。

查询总账科目代码、总账科目名称、年初余额方向、… □ ⊠			
总账科目代 ▾	总账科目名 ▾	年初余额方 ▾	年初余额 ▾
1001	库存现金	借	¥100000.00
1001	库存现金	借	¥100000.00
1002	银行存款	借	¥100000.00
1002	银行存款	借	¥100000.00
1122	应收账款	借	¥100000.00
1122	应收账款	借	¥100000.00
1401	材料采购	借	¥200000.00
1401	材料采购	借	¥200000.00
1403	原材料	借	¥200000.00
1403	原材料	借	¥200000.00
1405	库存商品	借	¥500000.00
1405	库存商品	借	¥500000.00
1601	固定资产	借	¥100000.00
1601	固定资产	借	¥100000.00
1602	累计折旧	贷	¥100000.00
1602	累计折旧	贷	¥100000.00

记录: ⏮ ◀ 1 ▶ ⏭ ▷ 无筛选器 搜索

图 7-10　多表选择查询结果

例 7.3　选择 GL_accvouch 和 code 创建内连接查询,查询各总账会计科目本年的"借方发生额"和"贷方发生额"。

（1）依次选择"创建"→"查询设计",选择 GL_accvouch 和 code。

（2）设置 GL_accvouch 和 code 的连接属性为内连接后,单击工具栏图标 Σ 汇总 。

（3）设置显示字段和查询条件,如图 7-11 所示,选择"数据表视图"后,可得到各总账会计科目本年的"借方发生额"和"贷方发生额",如图 7-12 所示。

字段:	科目代码: ccode	科目名称: ccode_name	借方发生额: md	贷方发生额: mc
表:	GL_accvouch	code	GL_accvouch	GL_accvouch
总计:	Group By	Group By	总计	总计
排序:				
显示:	☑	☑	☑	☑
条件:				
或:				

图 7-11　设置汇总查询的显示字段与查询条件

（三）交叉表查询

使用交叉表查询计算和重构数据可以简化数据分析。交叉表查询将用于查询的字段分为两组,一组以行标题的方式显示在表格的左边;另一组以列标题的方式显示在表格的顶端,在行和列交叉的地方对数据进行汇总、平均、计数或者其他类型的计算,并显示在交叉点上。

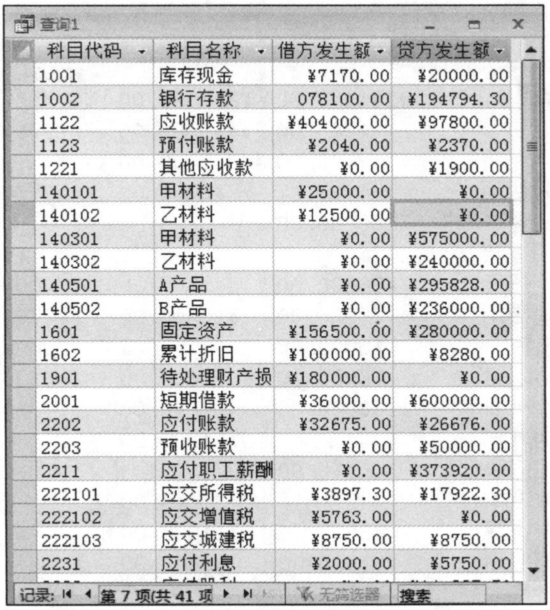

图 7-12　汇总查询结果

例 7.4　选择 GL_accvouch 和 code 创建内连接，设置连接属性，查询每月各会计科目借方发生额。

（1）依次选择"创建"→"查询设计"，选择 GL_accvouch 和 code。

（2）设置 GL_accvouch 和 code 的连接属性为内连接后，单击工具栏的 [交叉表(B)] 按钮。

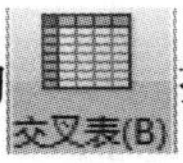

（3）设置交叉表"行标题"、"列标题"和"值"，如图 7-13 所示，选择"数据表视图"后可得到如图 7-14 所示的查询结果。

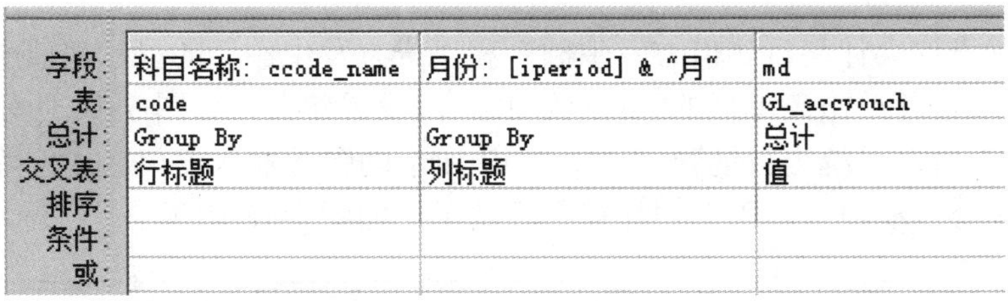

字段	科目名称: ccode_name	月份: [iperiod] & "月"	md
表	code		GL_accvouch
总计	Group By	Group By	总计
交叉表	行标题	列标题	值
排序			
条件			
或			

图 7-13　设置交叉表查询的显示字段与查询条件

（四）参数查询

参数查询所指的参数特指查询准则中使用的变量。参数查询的特点是每次使用时，都会弹出"输入参数值"对话框，要求用户输入参数，并把输入项作为查询的条件。使用这种查询，可以在不打开查询设计的情况下，重复使用相同的查询结构，并进行修改。参数用中括号括起，如"[姓名]"。一个查询对象可输入多个参数，但不能使用重复的名称。

查询每月各会计科目借方发生额

科目名称	10月	11月	12月
A产品	¥145400.00	¥247500.00	¥707568.00
B产品	¥81000.00	¥450000.00	¥573960.00
本年利润	¥113190.00	¥342800.00	
财务费用		¥2000.00	¥3750.00
待处理财产损	¥180000.00		
短期借款	¥36000.00		¥0.00
固定资产	¥86500.00		¥70000.00
管理费用	¥1520.00	¥10300.00	¥42600.00
甲材料	¥5000.00		¥20000.00
库存现金	¥6050.00	¥800.00	¥320.00
累计折旧	¥100000.00	¥0.00	¥0.00
利润分配		¥14237.50	
其他应收款	¥0.00		¥0.00
实收资本		¥0.00	
所得税费用	¥3897.30	¥14025.00	
销售费用	¥1520.00	¥8000.00	
乙材料	¥6500.00		¥6000.00
银行存款	¥225000.00	300300.00	¥552800.00
应付股利		¥0.00	

记录: 第 1 项(共 33 项 无筛选器 搜索

图 7-14 交叉表查询结果

例 7.5 选择 GL_accvouch 和 code 创建内连接，根据输入的会计科目名称，显示被查询会计科目的借方发生额和贷方发生额。

（1）依次选择“创建”→“查询设计”，选择 GL_accvouch 和 code。

（2）设置 GL_accvouch 和 code 的连接属性为内连接后，单击工具栏图标 Σ 汇总。

（3）设置查询会计科目“借方发生额”和“贷方发生额”的显示字段和查询条件，如图 7-15 所示，并单击菜单栏的参数图标[①]，设置参数，如图 7-16 所示，最后选择“数据表视图”后，系统会自动弹出如图 7-17 所示的参数输入窗口（本例输入“库存现金”），则系统会自动根据输入数据计算查询结果，如图 7-18 所示。

字段:	科目名称: ccode_name	借方发生额: md	贷方发生额: mc
表:	code	GL_accvouch	GL_accvouch
总计:	Group By	总计	总计
排序:			
显示:	☑	☑	☑
条件:	[请输入会计科目名称:]		
或:			

图 7-15 设置参数查询的显示字段和查询条件

① 只要输入参数，都应当调出“查询参数”输入窗口，设置参数名称和数据类型。

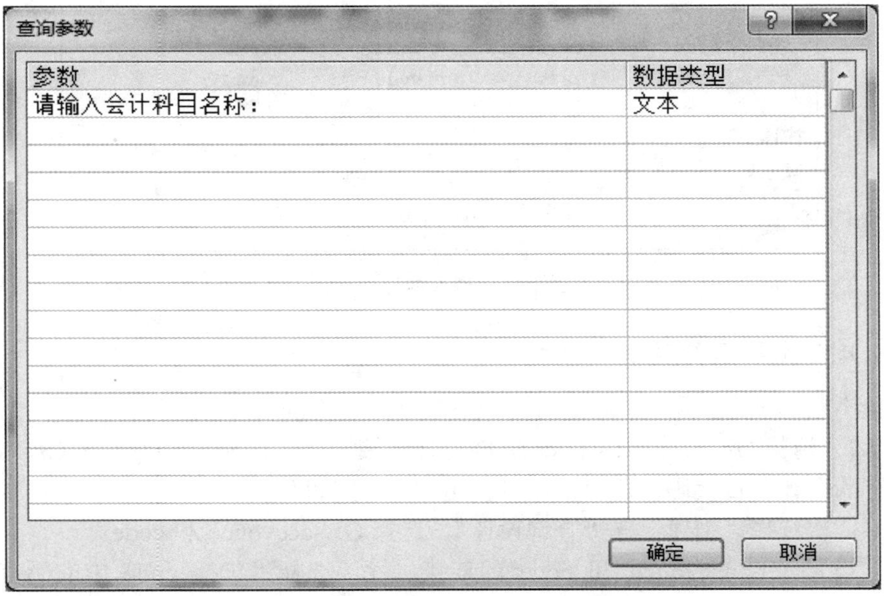

图 7-16　查询参数设置

图 7-17　输入参数值

图 7-18　参数查询结果

（五）重复项查询

重复项查询用于查找表对象中重复的记录或字段值的数目，根据查找的结果，决定在表中是否有重复的记录或确定记录在表中是否共享相同的字段值。

例 7.6　选择 code 表，查询 code 表中的重复项。

（1）依次选择"创建"→"查询设计"，选择 code。

（2）设置显示字段和查询条件，如图 7-19 所示。

（3）经查询后，审计人员发现，被审计单位不存在重复的会计科目代码或名称。

字段:	ccode	ccode_name	bend	ccode
表:	code	code	code	code
总计:	Group By	Group By	Group By	计算
排序:				
显示:	☑	☑	☑	☐
条件:				>=2
或:				

图 7-19 设置重复项查询的显示字段与查询条件

（六）查找不匹配项查询

查找不匹配项查询用于查找两个表对象之间不匹配的记录。

例 7.7 选择 GL_accvouch 和 code 创建外连接，查询 code 表中有，而 GL_accvouch 表中没有的会计科目代码，即查询没有使用的会计科目代码。

（1）依次选择“创建”→“查询设计”，选择 GL_accvouch 和 code。

（2）设置 GL_accvouch 和 code 的连接属性，选择“包括 code 中的所有记录和 GL_accvouch 中连接字段相等的那些记录”后，设置查找不匹配项的显示字段与查询条件，如图 7-20 所示，选择“数据表视图”，得到没有使用的会计代码记录，如图 7-21 所示。

字段:	code.*	ccode
表:	code	GL_accvouch
排序:		
显示:	☑	☐
条件:		Is Null
或:		

图 7-20 设置查找不匹配项查询的显示字段与查询条件

查找不匹配项查询

ccode	ccode_nam	bend
1003	存放中央银行	-1
1011	存放同业	-1
1012	其他货币资金	-1
1021	结算备付金	-1
1031	存出保证金	-1
1101	交易性金融资	-1
1111	买入返售金融	-1
1121	应收票据	-1
1131	应收股利	-1
1132	应收利息	-1

记录: 1 无筛选器 搜索

图 7-21 查找不匹配项查询结果

■ 第三节　操作查询

操作查询不仅能进行数据筛选查询，还能对表中的原始记录进行相应的修改，从而实现一次操作完成多个记录的修改。操作查询主要包括更新查询、生成表查询、删除查询和追加查询四种类型。需要特别提醒的是，进行操作查询前，审计人员应当备份源数据，防止误操作后，数据不能恢复。

一、更新查询

更新查询可以对一个或多个表中的一组记录进行全局的更改，使用更新查询时，可以批量更改已有表中的数据。

例 7.8　将 GL_accvouch 表中的借方发生额字段"md"统一增加 1000 元。

（1）依次选择"创建"→"查询设计"，选择 GL_accvouch 后，单击工具栏的图标 。

（2）设置更新查询条件，如图 7-22 所示。

图 7-22　设置更新查询条件

（3）单击菜单栏的图标 ，则可完成更新操作，更新操作结果可以通过双击 GL_accvouch 表看到。

二、生成表查询

生成表查询可以根据一个或多个表或查询中全部或部分数据来新建数据表。这种通过表产生查询，再由查询来生成表的方法，使得数据的组织更灵活，使用更方便。

例 7.9　选择 GL_accvouch 和 code 创建内连接，生成新的凭证文件表 New_accvouch，新生成的凭证文件表包括"期间"、"凭证类型"、"凭证号"、"科目代码"、"科目名称"、"借方发生额"和"贷方发生额"字段。

（1）依次选择"创建"→"查询设计"，选择 GL_accvouch 和 code。

（2）设置 GL_accvouch 和 code 的连接属性后，单击工具栏的图标 ，则会弹出如图 7-23 所示的对话框，输入新生成表的名称，单击"确定"按钮。

图 7-23 生成表名称设置对话框

（3）设置生成表查询的显示字段和查询条件，如图 7-24 所示，设置完成后，选择"数据表视图"，则可显示新生成表的内容，如图 7-25 所示，而单击 ❗运行 图标，则会在左侧空格生成新表 New_accvouch。

字段	iperiod	csign	ino_id	ccode	ccode_name	md	mc
表	GL_accvouch	GL_accvouch	GL_accvouch	code	code	GL_accvouch	GL_accvouch
排序							
显示	☑	☑	☑	☑	☑	☑	☑
条件							
或							

图 7-24 设置生成表查询的显示字段与查询条件

生成新的凭证文件表New_accvouch

i:	cs	ir	ccode	ccode_nam	md	mc
10	收	1	1002	银行存款	¥100000.00	¥0.00
10	收	1	2001	短期借款	¥0.00	¥100000.00
10	收	2	1002	银行存款	¥80000.00	¥0.00
10	收	2	600101	A产品	¥0.00	¥80000.00
10	收	3	1001	库存现金	¥50.00	¥0.00
10	收	3	1221	其他应收款	¥0.00	¥50.00
10	收	4	1002	银行存款	¥45000.00	¥0.00
10	收	4	1122	应收账款	¥0.00	¥45000.00
10	付	1	140101	甲材料	¥5000.00	¥0.00
10	付	1	140102	乙材料	¥6500.00	¥0.00
10	付	1	222102	应交增值税	¥1887.00	¥0.00
10	付	1	1002	银行存款	¥0.00	¥13387.00

记录：◄ ◄ 第 10 项(共 160 ► ►► 🖌无筛选器 搜索

图 7-25 生成表查询结果

三、删除查询

删除查询是将符合删除条件的整条记录删除而不是只删除字段。删除查询可以删除一个表内的记录，也可以在多个表内利用表间关系删除相互关联的表间记录。删除后的数据无法恢复。

例 7.10　删除 GL_accvouch 中科目代码为"1002"的记录（包括 1002 的明细科目）。

（1）依次选择"创建"→"查询设计"，选择 GL_accvouch 和 code 后，单击菜单栏的图标 ✂❗（删除）。

（2）设置删除查询字段和查询条件，如图 7-26 所示，单击工具栏的图标 ❗（运行），则可删除 GL_accvouch 中科目代码为"1002"的所有记录。

字段：	GL_accvouch.*	ccode
表：	GL_accvouch	GL_accvouch
删除：	From	Where
条件：		like "1002*"
或：		

图 7-26　设置删除的查询字段和查询条件

四、追加查询

追加查询用于将一个表或多个表（或查询）中的一组记录添加到另一个表或多个目标表中。但是，当两个表之间的字段定义不相同时，追加查询只添加相互匹配的字段内容，不匹配的字段将被忽略。通常，追加查询以查询设计视图中添加的表为数据源，以在追加对话框中选择的表为目标表。

例 7.11　将 GL_accsum 中科目代码为一级科目代码的记录追加到新表 New_accsum 中。

（1）在左侧窗格创建新表 New_accsum，新表 New_accsum 的字段名称、数据类型应当与 GL_accsum 表的字段名称和数据类型一致。

（2）依次选择"创建"→"查询设计"，选择 GL_accsum 后，单击工具栏图标 ➕❗（追加），则会弹出如图 7-27 所示的追加对话框，选择追加表的名称为 New_accsum。

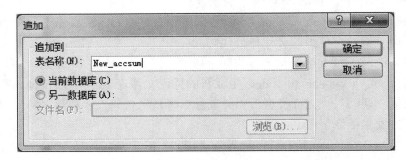

图 7-27　追加表选择对话框

（3）设置追加的查询字段与查询条件，如图 7-28 所示，再单击 ❗（运行）图标，则完成追加查询工作。

字段:	GL_accsum.*	表达式1: Len([ccode])
表:	GL_accsum	
排序:		
追加到:	New_accsum.*	
条件:		=4
或:		

图 7-28   设置追加的查询字段与查询条件

复习思考题

1. 查询的类别包括哪些？
2. 如何理解 Microsoft Access 查询的查询准则？
3. 请思考 Microsoft Access 查询在审计实务工作中的应用范围。
4. 操作查询与选择查询、交叉表查询、参数查询、汇总查询等的区别是什么？

实验项目

导入第七章的数据，运用 Microsoft Access 完成下列数据分析。

（1）查询表 GL_accvouch 中科目代码为"1001"的所有记录。

（2）结合 GL_accsum 和 code 查询结果包含"总账科目代码"、"总账科目名称"、"年初余额方向"、"年初余额"等供审计人员浏览查看。

（3）结合 GL_accsum 和 code 查询各总账会计科目本年的"借方发生额"和"贷方发生额"。

（4）结合 GL_accvouch 和 code 查询每月各会计科目"借方发生额"。

（5）结合 GL_accvouch 和 code 根据输入的会计科目名称，显示被查询会计科目的"借方发生额"和"贷方发生额"。

（6）选择 code 表，查询 code 表中的重复项。

（7）结合 GL_accvouch 和 code 查询 code 表中有，而 GL_accvouch 表中没有的会计科目代码，即查询没有使用的会计科目代码。

（8）将 GL_accvouch 中的借方发生额字段"md"统一增加 1000 元。

（9）结合 GL_accvouch 和 code，生成新的凭证文件表 New_accvouch，新生成的凭证文件表包括"期间"、"凭证类型"、"凭证号"、"科目代码"、"科目名称"、"借方发生额"和"贷方发生额"字段。

（10）删除 GL_accvouch 中科目代码为"1002"的记录（包括 1002 的明细科目）。

（11）将 GL_accsum 中科目代码为一级科目代码的记录追加到新表 New_accsum 中。

第八章

计算机辅助审计工作环境建设

➢ **学习目标**

通过本章的学习，应当了解并掌握：

（1）单机审计工作环境建设。

（2）现场网络审计工作环境建设。

■ 第一节 计算机辅助审计模式

到目前为止，计算机辅助审计可以采取单机审计模式、现场网络审计模式和远程网上审计模式。这三种审计模式对计算机工作环境的要求存在着差异和区别。

一、单机审计模式

在单机审计模式工作环境中，审计人员从被审计单位的信息系统或数据库服务器中根据审计目标采集审计所需的底层数据，经过清理、转换和验证，形成审计中间表，然后将审计中间表通过移动存储设备复制给每位参与审计活动的审计人员，审计人员在单机计算机上开展数据分析等审计工作，如图8-1所示。

在审计实务工作中，审计人员广泛采用单机审计模式。这种审计模式的优点在于审计方式灵活，适用于被审计单位规模小、数据量小的情况，其缺点是不能适用于被审计单位规模大、数据量大的情况，也不利于审计人员进行信息共享。因此，被审计单位为大中型企业或者审计项目为大中型审计项目时，不宜采用单机审计模式。

二、现场网络审计模式

在现场网络审计模式工作环境中，审计人员需要在审计现场组建一个小型的局域网。审计人员从被审计单位和其他相关单位的信息系统或数据库服务器中获取底层数据，经过清理、转换和验证后，形成审计中间表。计算机辅助审计人员将审计中间表以

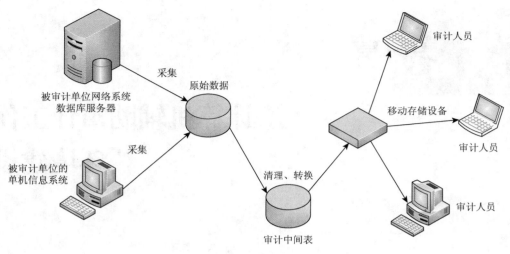

图 8-1 单机审计模式

及与审计相关的信息、数据资源集中存放于现场网络服务器中，形成审计信息系统，参与审计项目的所有审计人员均可通过局域网共享和交换信息资源。同时，审计人员也可以利用服务器的强大功能进行一些复杂的数据分析，如图 8-2 所示。这种方式适用于被审计单位规模大、数据量大的情况，也便于审计人员信息共享，有利于对审计进行信息化管理。

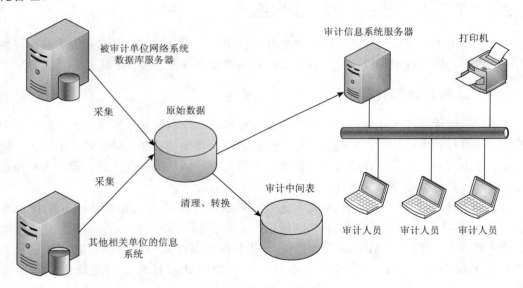

图 8-2 现场网络审计模式

相对于单机审计模式而言，现场网络审计模式更为复杂，审计人员需要在现场组建局域网，并对服务器进行配置。虽然现场网络审计模式较为复杂，但相对单机审计模式，具有如下几个方面的优点。

（1）可以存储海量数据。现场网络审计模式的审计信息系统服务器存储的数据包括原始数据、审计中间表以及与审计相关的信息资源。通常来讲，服务器的存储容量远远大于普通计算机，同时，服务器还可以采用加装磁盘阵列的方式实现扩容。因此，现场网络审计模式突破了单机存储容量的限制，可以实现海量数据的存储。

（2）可以开展复杂的数据分析。现场网络审计模式下，审计人员既可以通过局域网从审计信息系统服务器下载数据，开展一些简单的数据分析工作，也可以利用审计信息系统服务器强大的数据处理功能，直接在服务器上开展一些普通计算机难以胜任的复杂数据分析与处理工作。

（3）有利于信息资源的共享与交流。现场网络审计模式下，审计所需的数据资源与信息资源通过数据库服务器、万维网（Web）服务以及文件传送协议（file transfer protocol，FTP）服务等方式向审计人员开放。与此同时，审计人员也可以使用邮件服务、即时通信等方式实现数据资源与信息资源的共享和交流。

（4）有利于加强合作，减少信息不对称下的重复审计行为。现场网络审计模式下，信息资源的共享与交流有利于加强审计人员之间的合作，避免因信息不对称而产生的重复审计行为，达到提高审计效率和效果的作用。

三、远程网上审计模式

远程网上审计模式是一种实时监控的审计作业模式。采用远程网上审计模式，审计人员可以实时采集和分析被审计单位的财务数据和业务数据，并在此基础上对被审计单位财政财务收支的真实性、合法性和效益性进行实时远程监督，实现静态审计与动态审计、事中审计与事后审计、现场审计与非现场审计的结合，为被审计单位加强经营管理，提高效益提供及时的审计监督服务。审计机构开展远程网上审计作业模式，一般应选择比较固定且需要长期或经常性进行审计监督的审计对象。

远程网上审计模式需要审计机构与被审计单位之间建立一个可靠的远程连接。网上审计的组网有多种模式，目前比较成熟、能够兼顾性能和安全的是前置服务器模式。这种模式下，审计机构在被审计单位的网络系统中放置一台审计前置服务器，负责实地和实时采集被审计单位的财政财务收支、业务及管理数据，并根据审计人员确定的转换规则自动形成审计中间表，审计人员在审计中间表及与审计相关数据资源的基础上建立审计分析模式进行数据分析，实现对被审计单位的远程实时监控，如图8-3所示。考虑到被审计单位内部审计工作的需要，也可以在被审计单位网络中划出一块区域形成审计内网，以便于内部审计人员开展网上审计工作。

远程网上审计模式的工作环境比单机审计模式和现场网络审计模式复杂，需要专业技术人员进行设计和组建。目前，远程网上审计模式还属于小规模运用阶段，部分审计机构已经对这种方式进行了成功实验。

■ 第二节　单机审计工作环境建设

一、单机审计工作环境的概述

单机审计工作环境，是针对审计人员个体而言，是指如何构建一个适合计算机辅助

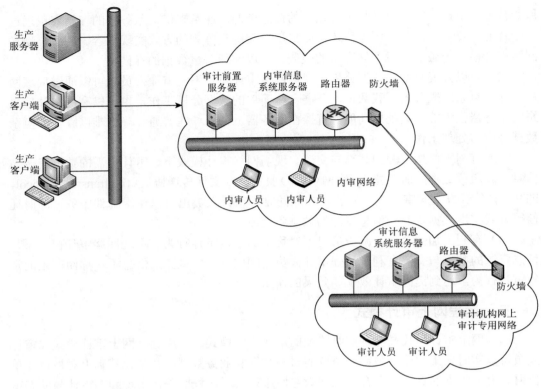

图 8-3　远程网上审计模式

审计的单机环境。单机审计工作环境是一个长期并且相对稳定的环境，其建设应当坚持从实际出发，以应用为导向，适应计算机辅助审计的发展要求，注意实效，不贪多求全，避免浪费。建设单机审计工作环境的目的在于防止与审计无关软件的安装对计算机辅助审计环境造成影响。

　　计算机辅助审计工作环境包括两部分：操作系统和审计软件。构建计算机辅助审计工作环境的思路有以下两种：①以审计人员现有的操作系统为基础，不安装与审计工作无关的软件，防止其他软件的安装对审计工作造成影响；②在现有计算机操作系统的基础上，安装虚拟机，并在虚拟机上安装操作系统和审计软件。本部分主要介绍第二种单机审计工作环境构建思路。

二、单机审计工作环境的组建

　　根据上述第二种构建思路，单机审计工作环境的组建分为虚拟机安装、操作系统安装和审计软件安装三个阶段。

（一）虚拟机安装

　　VMware是一个"虚拟PC"软件。它可以使一台机器上同时运行两个或更多Windows、DOS、Linux系统。与"多启动"系统相比，VMware采用了完全不同的概念。多启动系统在一个时刻只能运行一个系统，在系统切换时需要重新启动机器。VMware是真正"同时"运行，多个操作系统在主系统的平台上，就像标准 Windows 应用程序那样切换，而且每个操作系统都可以进行虚拟的分区、配置而不影响真实硬盘的数据，甚至可以通过网卡将几台虚拟机连接为一个局域网，极其方便。虚拟机的安装过程可以上网查阅相关资料，在此不再赘述。

（二）操作系统安装

审计人员根据审计需求打开 VMware 软件，在 VMware 软件中安装操作系统。安装完成操作系统后，审计人员则可以在计算机上同时运行多个操作系统，如图 8-4 所示。

图 8-4　双操作系统示意图

（三）审计软件安装

审计人员安装的审计软件应当包括四大功能，即数据采集、审计业务、信息交流以及系统管理。数据采集的业务功能模块应当包括数据采集、审计中间表设计、运行调度、数据转换和数据验证。审计业务的业务功能模板应当包括审计分析模型设计和管理、审计项目管理和模型运算与数据分析。同时，审计软件还应当提供信息交流的功能，以满足审计人员和被审计单位有关人员进行沟通的需要。目前，信息交流的技术与方式主要有 Web 信息发布、FTP 文件传输、电子邮件和即时通信等功能。系统管理的业务功能模块应当包括用户及权限管理、日志及行为审核以及数据备份等。

第三节　现场网络审计工作环境建设

计算机网络，是指将地理位置不同的具有独立功能的多台计算机及其外部设备，通过通信线路连接起来，在网络操作系统中，在网络管理软件及网络通信协议的管理和协调下，实现资源共享和信息传递的计算机系统。组建现场网络审计工作环境，是指将审计人员计算机在物理上连接起来，在网络服务器上架设各种应用服务，以满足计算机辅助审计工作的需要。

一、计算机网络的基本知识

（一）Internet 基本知识

Internet 是一个通过网络互连设备——路由器，将分布在世界各地的数以万计的局域网、城域网及大规模广域网连接起来而形成的世界范围的最大计算机网络，又称全球性信息资源网。这些网络通过普通电话线、高速率专用线路、卫星、微波、光纤等将不同国家的大学、公司、科研部门、政府组织等的网络连接起来，为世界各地的用户提供信息交流、通信和资源共享等服务。Internet 网络互连采用传输控制协议/互联协议（transmission control protocol/internet protocol，TCP/IP）。

1. Internet 的组成

Internet 从实现技术角度看，主要是由通信线路、路由器、主机、信息资源等几个主要部分构成。

（1）通信线路。通信线路用来将 Internet 中的路由器与路由器、路由器与主机连接起来。通信线路分为有线通信线路和无线通信信道。常用的传输介质主要有双绞线、同轴电缆、光纤电缆、无线与卫星通信信道。传输速率是指线路每秒钟可以传输数据的比特数。通信信道的带宽越宽，传输速率也就越高，人们把高数据传输速率的网络称为宽带网。

（2）路由器。路由器的作用是将 Internet 中的各个局域网、城域网、广域网以及主机互连起来。

（3）主机。主机是信息资源与服务的载体。主机可以分为服务器和客户机。

（4）信息资源。信息资源包括文本、图像、语音与视频等多种类型的信息资源。

2. Internet 提供的服务

（1）WWW（world wide Web）服务。WWW 服务也称 Web 服务、万维网、环球网或3W 网，它实际上是网上的一种服务，是一种高级查询、浏览服务系统。WWW 是一种广域超媒体信息检索的原始规约，其目的是访问分散的巨量文档。它使用了超媒体与超文本的信息组织和管理技术，发布或共享的信息以超文本置标语言（hypertext markup language，HTML）的格式编排，存放在各自的服务器上。用户启动一个浏览软件，利用搜索引擎检索和查询各种信息。

（2）电子邮件（E-mail）。电子邮件是 Internet 为用户之间发送和接收信息提供的一种快速、简单、经济的通信和信息交换的手段。电子邮件系统主要包括邮件服务器、电子邮箱和电子邮件地址的书写规则。邮件服务器用于接收或发送邮件。电子邮箱是邮件服务机构为用户建立的，只要拥有正确的用户名和用户密码，就可以查看电子邮件内容或处理电子邮件。每一个电子邮箱都有一个邮箱地址，称为电子邮件地址。电子邮件地址的格式为：用户名@主机名，主机名为拥有独立 IP 地址的计算机的名字，用户名指在该计算机上为用户建立的电子邮件账号。

（3）远程登录（telnet）。远程登录是指在网络通信协议的支持下，用户的计算机通过 Internet 与其他计算机建立连接，当连接建立后，用户所在的计算机可以暂时作为远程主机的终端，用户可以实时使用远程计算机中对外开放的全部资源。

（4）文件传输。文件传输是指允许用户将一台计算机上的文件传送到另一台计算机上。利用这种服务可以从 Internet 分布在世界不同地点的计算机中复制、下载各种文件。

（5）新闻与公告类服务。新闻与公告类服务是指个人或机构利用网络向用户发布有关信息。

　　3. 接入 Internet 的方法

用户接入 Internet 主要有如下两种方法。①通过局域网接入 Internet，指用户所在局域网使用路由器，通过数据通信网与 Internet 服务器提供商（Internet service provider，ISP）相连接，再通过 ISP 的连接通道接入 Internet。②通过电话网接入 Internet，指用户计算机使用调制解调器，通过电话网与 ISP 相连接，再通过 ISP 的连接通道 Internet。用户在访问 Internet 时，通过拨号方式与 ISP 的远程接入服务器（remote access server，RAS）建立连接，通过 ISP 的路由器访问 Internet。不管使用哪种方法，首先都要连接到 ISP 的主机。选择 ISP 时应注意以下几点：ISP 所在位置、IPS 支持的传输速率、ISP 的可靠性、ISP 的出口宽带和 ISP 的收费标准等。

　　4. TCP/IP、域名与 IP 地址

TCP/IP 泛指以 TCP/IP 为基础的协议集，它已经演变成为一个工业标准。TCP/IP 具有以下特点：其为开放的协议标准，独立于特定的计算机硬件与操作系统；适用于多种异构网络的互连，可以运行在局域网、广域网，更适用于互联网；有统一的网络地址分配方案；能提供多种可靠的用户服务，并具有较好的网络管理功能。

Internet 上的计算机地址有两种表示形式：IP 地址与域名。IP 地址由网络地址与主机地址两部分组成，每台直接接到 Internet 上的计算机与路由器都必须有唯一的 IP 地址。IP 地址的长度为 32 位，以×××.×××.×××.×××格式表示，其值为 0～255。由于 IP 地址结构是数字型的，抽象难于记忆，因此 TCP/IP 专门设计了一种字符型的主机名字机制，即 Internet 域名系统（domain name system，DNS）。主机名与它的 IP 地址一一对应。

（二）网络拓扑结构

网络拓扑结构是指用传输媒体互连各种设备的物理布局，即用什么方式把网络中的计算机等设备连接起来。拓扑图给出网络服务器、工作站的网络配置和相互间的连接。网络的拓扑结构有很多种，主要有星形拓扑结构、环形拓扑结构、总线形拓扑结构、树形拓扑结构、网状拓扑结构等。下面主要介绍星形拓扑结构、环形拓扑结构和总线形拓扑结构。

1. 星形拓扑结构

星形拓扑结构的各站点通过点到点的链路与中心站相连，如图 8-5 所示。其特点是很容易在网络中增加新的站点，数据的安全性和优先级容易控制，易实现网络监控，但中心节点的故障会引起整个网络瘫痪，需要中心节点具有很高的可靠性和冗余度。

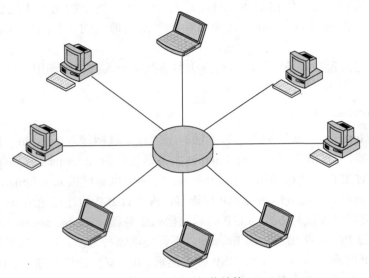

图 8-5　星形拓扑结构

2. 环形拓扑结构

环形拓扑结构的各站点通过通信介质连成一个封闭的环形，如图 8-6 所示。环形网络容易安装和监控，但容量有限，网络建成后，难以增加新的站点。这种通信方法的最大缺点是通信效率低。

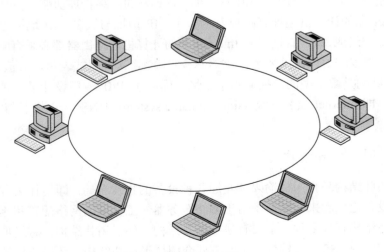

图 8-6　环形拓扑结构

3 总线形拓扑结构

总线形拓扑结构是早期同轴电缆以太网的连接方式，网络中各个节点挂接到一条总线上，如图 8-7 所示。总线形网络安装简单方便，需要铺设的电缆最短，成本低，某个站点的故障一般不会影响整个网络，但介质的故障会导致网络瘫痪，总线形网络的安全性低，监控比较困难，增加新站点也不如星形网络容易。这种物理连接方式已经被淘汰。

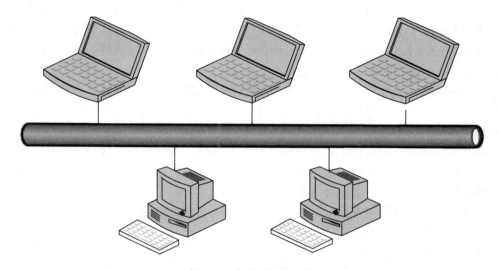

图 8-7 总线形拓扑结构

网状拓扑结构构造的网络可靠性最高。在这种结构下，每个节点都有多条链路与网络相连，高密度的冗余链路使得即使一条甚至多条链路出现故障，网络仍然能正常工作。网状拓扑结构网络的缺点是成本高，结构复杂，管理维护相对困难，而网状拓扑结构的网络层次清晰，易扩展，是目前多数校园和企业网使用的结构。这种方法的缺点是根节点的可靠性要求很高。

（三）计算机网络分类

根据网络的覆盖范围与规模可以把计算机网络分为局域网（local area network，LAN）、广域网（wide area network，WAN）和城域网（metropolitan area network，MAN）。

（1）局域网。局域网的范围一般在几千米以内。局域网的技术特点表现在以下几个方面：①覆盖的地理范围有限，一般在几千米以内，适用于某一部门或某一单位；②传输速率高、误码率低；③组网简单、成本低，使用方便灵活。局域网的组成主要包括：①服务器，服务器是提供给网络用户访问的计算机系统，是局域网的核心，集中了网络的共享资源，并负责对这些资源的管理；②客户机（client），又称用户工作站或终端，是指用户在网络环境上进行工作所使用的计算机系统；③网络设备及传输介质，网络设备主要用于进行网络连接所需要的各种硬件。局域网中常用的传输介质有同轴拓扑、传输介质与介质访问方法。按介质访问方法进行分类，局域网可分为共享式局域网和交换式局域网。

（2）广域网。广域网也称远程网，范围在几十千米到几千千米，覆盖一个国家、一个地区，甚至全世界。广域网的通信子网可以利用公用分组交换网、卫星通信网和无线分组交换网，将分布在不同地区的局域网或计算机系统互连起来，达到资源共享的目的。广域网应具有以下特点：①适应大容量与突发性通信的要求；②适应综合业务服务的要求；③开放的设备接口与规范化的协议；④完善的通信服务与网络管理。广域网目前主要包括 X2.5 网（用户接口符号采用 CCITT 的 X2.5 建议标准）、宽带综合业务数字网（broadband integrated service digital network，B-ISDN）和异步传输模式（asynchronous transfer mode，ATM）等。

（3）城域网。城域网是介于广域网和局域网之间的一种高速网络。早期的城域网产品主要是光纤分布式数据接口，主要用于计算机机房网络、办公室或建筑物群的主干网、校园网的主干网、多校园的主干网。

根据网络传输介质可以把计算机网络分为有线网、光纤网和无线网。

（1）有线网。有线网是指采用同轴电缆和双绞线来连接的计算机网络。同轴电缆网是一种常见的连网方式。这种网络比较经济，安装较为便利，传输率和抗干扰能力一般，传输距离较短。双绞线网是目前最常见的连网方式。它价格便宜，安装方便，但易受干扰，传输率较低，传输距离比同轴电缆要短。

（2）光纤网。光纤网也是有线网的一种，但由于其特殊性而单独列出，光纤网采用光导纤维作为传输介质。光纤传输距离长，传输率高，可达数千兆比特每秒，抗干扰性强，不会受到电子监听设备的监听，是高安全性网络的理想选择。

（3）无线网。无线网（wireless network）是采用无线通信技术实现的网络。无线网既包括允许用户建立远距离无线连接的全球语音和数据网络，也包括为近距离无线连接进行优化的红外线技术及射频技术。与有线网的用途十分类似，最大的不同在于传输介质不同，无线网利用无线电技术取代网线。

二、现场网络审计工作环境的组建

通常来讲，现场网络审计工作环境属于局域网。组建现场网络审计工作环境包括两部分：一部分是组建现场局域网，技术人员将审计人员的计算机在物理上连接起来；另一部分是在网络服务器上架设各种应用服务，以满足计算机辅助审计的需要。

（一）现场局域网的组建

在审计现场组建局域网时，可以把审计组成员的工作计算机用通信线路互连起来，从而使审计人员方便地互相传递信息，共享硬件、软件、数据信息等资源。现场局域网是一种临时的小型网络，只在审计期间使用，节点数量也较少。在审计实践中，现场局域网一般采用星形拓扑结构的以太网。图 8-8 是现场局域网的网络拓扑结构。

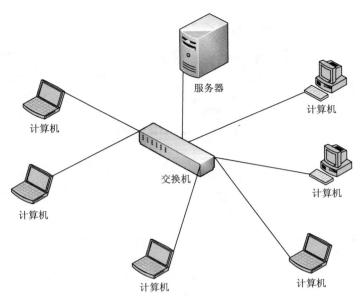

图 8-8 现场局域网的网络拓扑结构

星形结构的以太网中,所有计算机以星形方式连接成网。网络有中央节点,其他节点都与中央节点直接相连。这种结构以中央节点为中心,因此又称为集中式网络。它具有如下特点:结构简单,便于管理;控制简单,便于建网;网络延迟时间短,传输误差较低。

(二)现场局域网上的应用服务

现场局域网组建完成后,可以在该局域网上设置若干应用服务,如数据库服务、万维网服务、文件传输服务、电子邮件服务和即时通信(instant message,IM)服务等。下面以数据库服务和文件传输服务为例,介绍现场局域网应用服务的具体应用。

1. 数据库服务

构建现场局域网的一个主要目的,是充分利用服务器的大存储容量和高运算性能存储和分析审计数据,因此在服务器上提供数据库服务是必需的。要在服务器上提供数据库服务,首先必须在服务器上安装数据库软件。本节以 Microsoft SQL Server 2008 R2 为例,介绍如何在现场局域网服务器上提供数据库服务。这里主要介绍如何在服务器数据库中添加用户以及客户端如何访问服务器上的数据库。

(1)在服务器端数据库中添加登录名。

①选择"开始"→"所有程序"→"Microsoft SQL Server 2008 R2"→"SQL Server Management Studio",打开连接到服务器对话框。服务器类型选择"数据库引擎",服务器名称选择本机计算机名称(本例为"ITAuditing"),身份验证选择"Windows 身份验证"(用户必须以管理员身份登录操作系统),单击"连接"按钮。

②在"SQL Server Management Studio"左侧窗格中,依次展开"ITAuditing"→"安全性"→"登录名"。右击"登录名",从弹出的菜单中选择"新建登录名",按图 8-9~

图 8-13 所示依次设置，则可新建登录名"Auditor"。

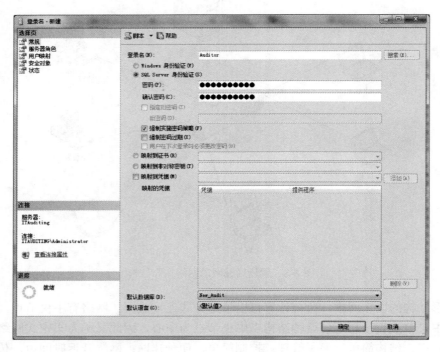

图 8-9　登录名常规选项设置界面

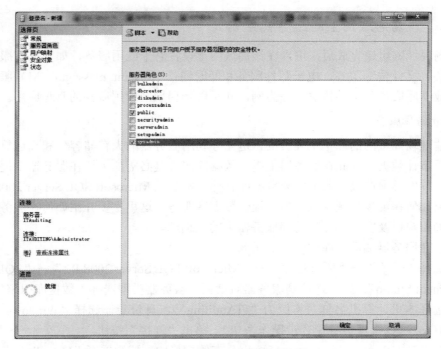

图 8-10　服务器角色设置界面

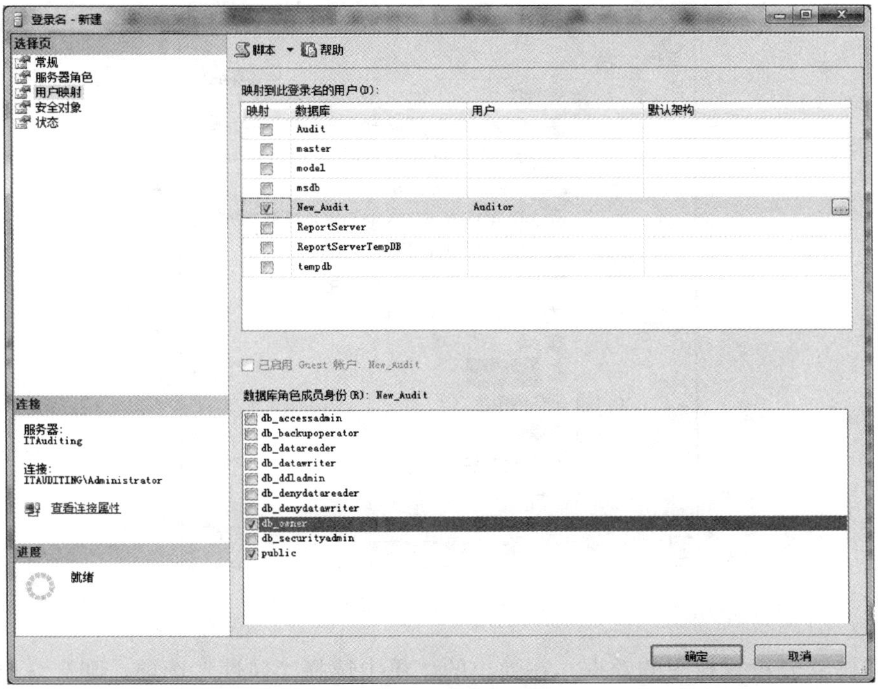

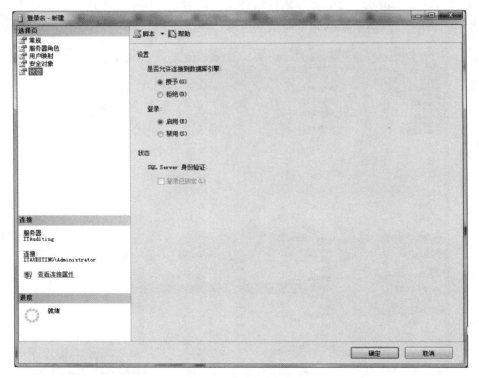

图 8-11　用户映射设置界面

图 8-12　状态设置界面

图 8-13　登录名界面

③右击需要设置权限的数据，在弹出的菜单中选择"属性"选项，则会弹出数据库属性窗口，单击"数据库属性"窗口左侧的"权限"选项，对用户设置数据库操作权限。本例中仅允许"Auditor"对数据库进行选择操作，因此，选中"选择"的"授予"复选框。单击"确定"按钮，完成服务器端的设置，如图 8-14 所示。

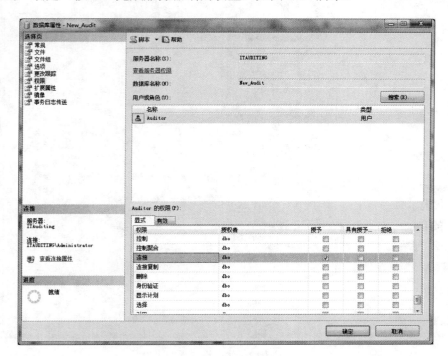

图 8-14　数据库属性设置界面

（2）客户端登录数据库服务器。在客户端打开 SQL Server Management Studio，出现连接到服务器对话框，在服务器类型中选择"数据库引擎"，在服务器名称中输入服务器计算机的名称（本例为"ITAuditing"），在身份验证中选择"SQL Server 身份验证"，在登录名中输入刚才服务器端设置的登录名"Auditor"，输入密码，单击"连接"按钮，如图 8-15 所示。若在图 8-9 中勾选了"强制密码过期"选项，则会弹出更改密码对话框，审计人员只需要重新设置密码即可继续使用。

图 8-15　连接到服务器（客户端）

2. 文件传输服务

审计实务中，审计人员经常需要相互传递文件，对于较小的文件可以通过 U 盘、移动硬盘等移动设备进行交换，但对于较大的文件用移动设备进行交换则相对较麻烦。在服务器上开通 FTP 服务后，审计人员可以将文件传到服务器中，实现与其他审计人员数据资源的共享，也可以从服务器上下载所需的数据文件。当前，FTP 服务器端的软件有很多，本部分将介绍 Windows 7 FTP 服务器的创建过程。

（1）服务器端设置。

①在本机上创建一个用户，用于登录到 FTP。右击"我的电脑"，在弹出的菜单中选择"管理"，则会弹出如图 8-16 所示的窗口，选择"本地用户和组"，右击"用户"，在弹出的菜单中选择"新用户"，在新用户对话框中输入"用户名"和"密码"，并进行相应的设置，如图 8-17 所示，单击"创建"按钮后，则会在用户中新增用户"Auditor"。

图 8-16　新用户创建窗口

图 8-17　新用户信息录入对话框

②选择"开始"→"控制面板"→"程序和功能"→"打开或关闭 Windows 功能"，弹出 Windows 功能窗口，勾选"FTP 服务"和"FTP 扩展性"，如图 8-18 所示。

③选择"开始"→"控制面板"→"管理工具"→"Internet 信息服务（IIS）管理器"，弹出如图 8-19 所示的 Internet 信息服务（IIS）管理器窗口。

④右击本机服务器，在弹出的菜单中选择"添加 FTP 站点"选项，如图 8-20 所示。

⑤依次按照图 8-21～图 8-23 的提示进行设置。

⑥双击"FTP 授权规则"，如图 8-24 所示，进入"FTP 授权规则"后，在空白处右击，在弹出的菜单中选择"添加允许规则"，则进入编辑允许授权规则对话框，如图 8-25 所示。

图 8-18　Windows 功能窗口

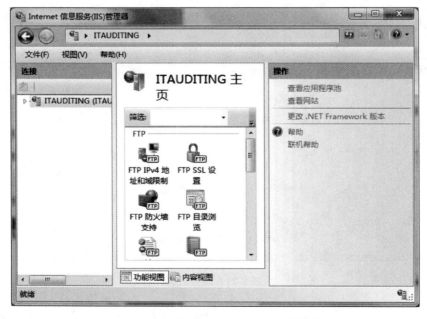

图 8-19　Internet 信息服务（IIS）管理器窗口

图 8-20 添加 FTP 站点

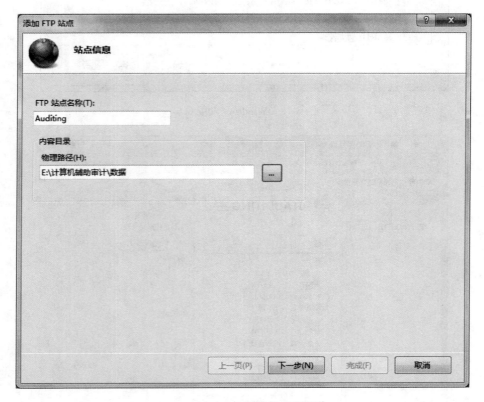

图 8-21 站点信息设置

⑦单击 Internet 信息服务（IIS）管理器左侧窗格创建"Auditing"站点，如图 8-26
所示，再选择右侧窗格的"编辑权限"，如图 8-27 所示，则会弹出数据属性对话框。

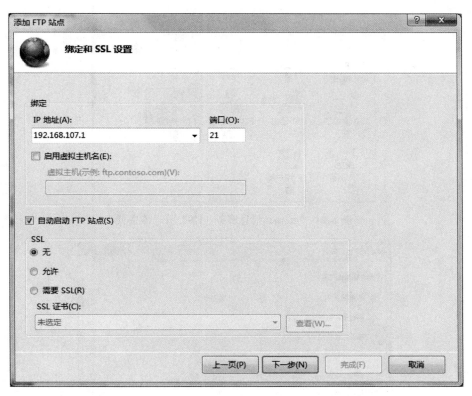

图 8-22　绑定和 SSL 设置

图 8-23　身份验证和授权信息设置

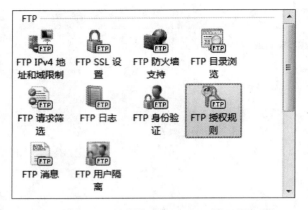

图 8-24　Internet 信息服务（IIS）管理器主页

图 8-25　编辑允许授权规则对话框

图 8-26　IIS 管理器左侧窗格

图 8-27　IIS 管理器右侧窗格

⑧在弹出的数据属性对话框中选择"安全"选项卡，单击"编辑"按钮，如图 8-28 所示，则会弹出数据的权限对话框，如图 8-29 所示。在数据的权限对话框中单击"添加"按钮，会弹出选择用户或组对话框，如图 8-30 所示。而在选择用户或组对话框中输入创建的用户名"Auditor"，单击"确定"按钮后，回到数据的权限对话框中单击"确定"按钮，再回到数据属性对话框中单击"确定"按钮，则完成 FTP 服务器的创建工作。

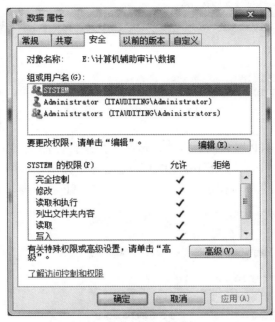

图 8-28　数据属性对话框

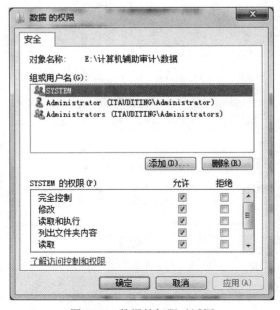

图 8-29　数据的权限对话框

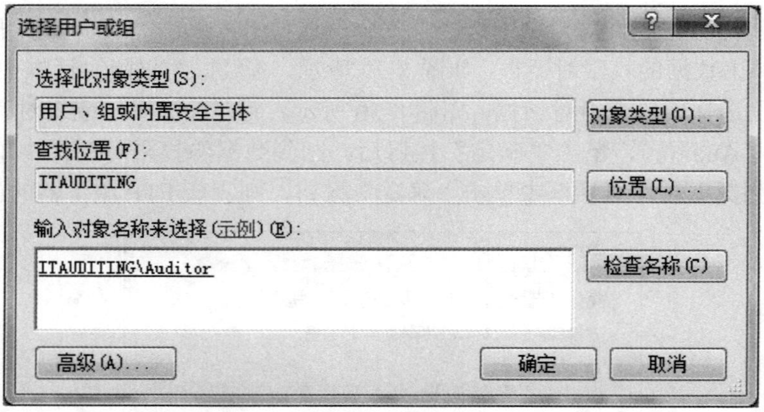

图 8-30　选择用户或组对话框

（2）客户端登录 FTP 服务器。审计人员在客户端打开浏览器，在地址栏输入先前设置的 FTP 服务器地址"ftp: //192.168.107.1"，则会弹出提示输入用户名和密码的对话框，如图 8-31 所示。输入用户名和密码之后，即可访问 FTP 服务器，如图 8-32 所示。

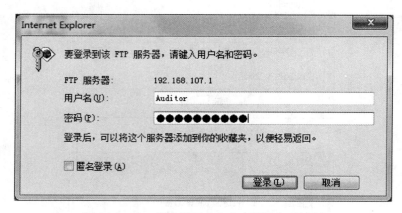

图 8-31　FTP 服务器用户名和密码输入对话框

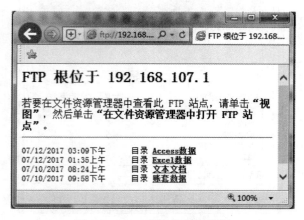

图 8-32　FTP 服务器数据资源

■ 复习思考题

1. 计算机辅助审计的审计模式包括哪些？

2. 您是怎样认识现场网络审计模式的？您觉得应当如何构建现场网络审计工作环境？

3. 您是怎样认识远程网上审计模式的？您觉得应当如何构建远程网上审计工作环境？

■ 实验项目

1. 结合第二节在您的计算机操作系统上安装的虚拟机，并在虚拟机上安装操作系统和审计软件。

2. 结合第三节所学知识，组建一个现场网络审计工作环境，包括数据库服务和FTP服务。

参 考 文 献

边泓，邵军，2005. 计算机财务管理. 北京：机械工业出版社.

蔡春，2001. 审计理论结构研究. 大连：东北财经大学出版社.

陈耿，王万军，2009. 信息系统审计. 北京：清华大学出版社.

陈伟，2012. 计算机辅助审计原理及应用. 2 版. 北京：清华大学出版社.

耿余辉，张程，2009. 审计机关开展联网审计工作之思考. 审计月刊，9：29，30.

何芹，2008. 持续审计研究. 上海：立信会计出版社.

刘明辉，史德刚，2011. 审计. 4 版. 大连：东北财经大学出版社.

刘汝焯，等，2012. 计算机辅助审计——概念、框架与规则. 北京：清华大学出版社.

乔鹏，李湘蓉，等，2010. 会计信息系统与审计. 北京：清华大学出版社.

邱银河，木南，2006. 计算机审计实务. 北京：人民邮电出版社.

石爱中，孙俭，2005. 初释数据式审计模式. 审计研究，4：3-6.

唐志豪，2007. 信息系统审计理论结构研究. 财会月刊，3：59-61.

田芬，2007. 计算机审计. 上海：复旦大学出版社.

王刚，2005. 联网审计：全新的审计理念与审计模式. 财经时报，3-27（6）.

王振武，2009. 信息系统审计技术研究. 东北财经大学学报，4：21-24.

吴沁红，2002. 信息系统审计研究[博士学位论文]. 北京：财政部财政科学研究所.

萧应达，1991. 比较审计学. 北京：中国财政经济出版社.

薛云奎，饶艳超，2005. 会计信息系统. 上海：复旦大学出版社.

杨蕴毅，2006. 再谈联网审计. 审计研究，增刊：10，11.

詹姆斯·A·霍尔，2003. 信息系统审计与鉴证. 北京：中信出版社.

张春伟，2009. 基层开展联网审计的困难及对策. 审计月刊，7：14，15.

张金城，黄作明，2009. 信息系统审计. 北京：清华大学出版社.

庄明来，吴沁红，李俊，2008. 信息系统审计内容与方法. 北京：中国时代经济出版社.

Aebi D, Perrochon L, 1993. Towards improving data quality//Sarda N L, eds. Proceedings of the International Conference on Information Systems and Management of Data, Delhi：273-281.

AICPA/CIA，1999. Continuous auditing，research report. Toronto，Ontario: The Canadian Institute of Chartered Accountants.

Coderre D G, 2000. Using Data Analysis Techniques to Detect Fraud. Canada: Global Audit Publications.

Flint D，1988. Philosophy and Principles of Auditing: An Introduction . London: Macmillan Education Ltd.

ISACA，2009. IS Standards，Guidelines and Procedures for Auditing and Control Professionals. Chicago: ISACA.

Majdalawieh M，Zaghloul I，2013. PRACTICE FORUM: Paradigm shift in information systems auditing. Managerial Auditing Journal，24（4）：352-367.

Pathak J，1999. A conceptual risk framework for internal auditing in E-commerce. Managerial Auditing Journal，19（4）：556-564.

Poter T W，等，1990. 计算机审计. 李大庆，乔勇，译. 北京：中国财政经济出版社.

Strous L，1998. Audit of information system: The need for cooperation. The 25th Conference on Current

Trends in Theory & Practice of Informatics，Jasna，Slovaikia.

Weber R，1999. Information Systems Control and Audit. Upper Saddle River：Prentice-Hall Inc.

Wulandari S S，2003. Information systems audit adopted as an assurance service in accounting firms. Ingenious，1（1）：2.

检索出所有现金支出记账凭证的算法

（1）为介绍该算法，构建如下一个简单的凭证文件表 A 表（附表 A1）。

附表 A1　A 表

iperiod	csign	ino_id	ccode	md（mc）
10	付	2	1002	1000
10	付	2	1001	1000
10	转	1	1122	5000
10	转	1	6001	5000

由于"现金支出记账凭证"的科目代码为"1001"，由构建的 A 表可知，A 表只有一张现金支出凭证，即 10 月份付字 2 号凭证。

（2）构建如下一张（附表 A2）与 A 表相同的凭证文件表 B 表。

附表 A2　B 表

iperiod	csign	ino_id	ccode	md（mc）
10	付	2	1002	1000
10	付	2	1001	1000
10	转	1	1122	5000
10	转	1	6001	5000

（3）两表连接。连接方式为内连接；连接条件为"期间"相同、"凭证类型"相同、"凭证号"相同，连接后的结果如附表 A3 所示。

附表 A3　连接结果

iperiod	csign	ino_id	ccode	md（mc）	*iperiod*	*csign*	*ino_id*	*ccode*	*md（mc）*
10	付	2	1002	1000	*10*	*付*	*2*	*1002*	*1000*
10	付	2	1002	1000	*10*	*付*	*2*	*1001*	*1000*
10	付	2	1001	1000	*10*	*付*	*2*	*1002*	*1000*
10	付	2	1001	1000	*10*	*付*	*2*	*1001*	*1000*
10	转	1	1122	5000	*10*	*转*	*1*	*1122*	*5000*
10	转	1	1122	5000	*10*	*转*	*1*	*6001*	*5000*
10	转	1	6001	5000	*10*	*转*	*1*	*1122*	*5000*
10	转	1	6001	5000	*10*	*转*	*1*	*6001*	*5000*

注：斜体字段为 B 表内容。

（4）筛选条件：A 表的科目代码为 "1001"，则筛选结果如附表 A4 所示。

附表 A4　筛选结果

iperiod	csign	ino_id	ccode	md（mc）	*iperiod*	*csign*	*ino_id*	*ccode*	*md（mc）*
10	付	2	1001	1000	*10*	*付*	*2*	*1002*	*1000*
10	付	2	1001	1000	*10*	*付*	*2*	*1001*	*1000*

（5）只显示 B 表内容，显示结果如附表 A5 所示。

附表 A5　显示结果

iperiod	*csign*	*ino_id*	*ccode*	*md（mc）*
10	*付*	*2*	*1002*	*1000*
10	*付*	*2*	*1001*	*1000*

至此，10 月份付字 2 号现金支出记账凭证被检索出来。

附录 B

检索出所有赊销收入记账凭证的算法

（1）为介绍该算法，构建如下一个简单的凭证文件 A 表（附表 B1）。

附表 B1　A 表

iperiod	csign	ino_id	ccode	md（mc）
10	付	2	1002	1000
10	付	2	1001	1000
10	转	1	1122	5850
10	转	1	6001	5000
10	转	1	222102	850

由于"应收账款"的科目代码为"1122"，"主营业务收入"的科目代码为"6001"，"应交税费-应交增值税"的科目代码为 222102，由构建的 A 表可知，A 表只有一张赊销收入凭证，即 10 月份转字 1 号凭证。

（2）构建与 A 表相同的 B 表（附表 B2）和 C 表（附表 B3）。

附表 B2　B 表

iperiod	csign	ino_id	ccode	md（mc）
10	转	1	1122	5850
10	转	1	6001	5000
10	转	1	222102	850
10	转	2	1122	1170
10	转	2	6001	1170

附表 B3　C 表

iperiod	csign	ino_id	ccode	md（mc）
10	转	1	1122	5850
10	转	1	6001	5000
10	转	1	222102	850
10	转	2	1122	1170
10	转	2	6001	1170

（3）三表连接。连接方式为内连接；连接条件为"期间"相同、"凭证类型"相同、"凭证号"相同，连接后的结果如附表 B4 所示。

附表 B4　连接结果

iperiod	csign	ino_id	ccode	md(mc)	iperiod	csign	ino_id	ccode	md(mc)	iperiod	csign	ino_id	ccode	md(mc)
10	付	2	1002	1000	10	付	2	1002	1000	10	付	2	1002	1000
10	付	2	1002	1000	10	付	2	1002	1000	10	付	2	1001	1000
10	付	2	1002	1000	10	付	2	1001	1000	10	付	2	1002	1000
10	付	2	1002	1000	10	付	2	1001	1000	10	付	2	1001	1000
10	付	2	1001	1000	10	付	2	1002	1000	10	付	2	1002	1000
10	付	2	1001	1000	10	付	2	1002	1000	10	付	2	1001	1000
10	付	2	1001	1000	10	付	2	1001	1000	10	付	2	1002	1000
10	付	2	1001	1000	10	付	2	1001	1000	10	付	2	1001	1000
10	转	1	1122	5850	10	转	1	1122	5850	10	转	1	1122	5850
10	转	1	1122	5850	10	转	1	1122	5850	10	转	1	6001	5000
10	转	1	1122	5850	10	转	1	1122	5850	10	转	1	222102	850
10	转	1	1122	5850	10	转	1	6001	5000	10	转	1	1122	5850
10	转	1	1122	5850	10	转	1	6001	5000	10	转	1	6001	5000
10	转	1	1122	5850	10	转	1	6001	5000	10	转	1	222102	850
10	转	1	1122	5850	10	转	1	222102	850	10	转	1	1122	5850
10	转	1	1122	5850	10	转	1	222102	850	10	转	1	6001	5000
10	转	1	1122	5850	10	转	1	222102	850	10	转	1	222102	850
10	转	1	6001	5000	10	转	1	1122	5850	10	转	1	1122	5850

续表

iperiod	csign	ino_id	ccode	md（mc）	iperiod	csign	ino_id	ccode	md（mc）	iperiod	csign	ino_id	ccode	md（mc）
10	转	1	6001	5000	10	转	1	1122	5850	10	转	1	6001	5000
10	转	1	6001	5000	10	转	1	1122	5850	10	转	1	222102	850
10	转	1	6001	5000	10	转	1	6001	5000	10	转	1	1122	5850
10	转	1	6001	5000	10	转	1	6001	5000	10	转	1	6001	5000
10	转	1	6001	5000	10	转	1	6001	5000	10	转	1	222102	850
10	转	1	6001	5000	10	转	1	222102	850	10	转	1	1122	5850
10	转	1	6001	5000	10	转	1	222102	850	10	转	1	6001	5000
10	转	1	6001	5000	10	转	1	222102	850	10	转	1	222102	850
10	转	1	222102	850	10	转	1	1122	5850	10	转	1	1122	5850
10	转	1	222102	850	10	转	1	1122	5850	10	转	1	6001	5000
10	转	1	222102	850	10	转	1	1122	5850	10	转	1	222102	850
10	转	1	222102	850	10	转	1	6001	5000	10	转	1	1122	5850
10	转	1	222102	850	10	转	1	6001	5000	10	转	1	6001	5000
10	转	1	222102	850	10	转	1	6001	5000	10	转	1	222102	850
10	转	1	222102	850	10	转	1	222102	850	10	转	1	1122	5850
10	转	1	222102	850	10	转	1	222102	850	10	转	1	6001	5000
10	转	1	222102	850	10	转	1	222102	850	10	转	1	222102	850

注：斜体为 B 表内容，加粗字体为 C 表内容。

（4）设置筛选。B 表的科目代码为"1122"，C 表的科目代码为"6001"，则筛选结果如附表 B5 所示。

附表 B5　筛选结果

iperiod	csign	ino_id	ccode	md（mc）	iperiod	csign	ino_id	ccode	md（mc）	iperiod	csign	ino_id	ccode	md（mc）
10	转	1	1122	5850	10	转	1	1122	5850	10	转	1	6001	5000
10	转	1	6001	5000	10	转	1	1122	5850	10	转	1	6001	5000
10	转	1	222102	850	10	转	1	1122	5850	10	转	1	6001	5000

注：斜体为 B 表内容，加粗字体为 C 表内容。

（5）设置显示条件：只显示 A 表内容，则显示结果如附表 B6 所示。

附表 B6　显示结果

iperiod	csign	ino_id	ccode	md（mc）
10	转	1	1122	5850
10	转	1	6001	5000
10	转	1	222102	850

到此，赊销收入记账凭证被检索出来。

我们可以发现，两表连接，一表设置条件，一表显示。由此可以类推，三表连接，两表设置条件，一表显示；四表连接，三表设置条件，一表显示……

附录 C

生成新科目代码表的算法

（1）设计如下一张简单的科目代码表 km 表（附表 C1）。

附表 C1　科目代码表 km 表

ccode	ccode_name
6001	主营业务收入
600101	A 产品
600102	B 产品
600103	C 产品

（2）设计一张简单的科目代码表 k1 表（附表 C2），条件为 k1 表的科目代码表等于 km 表的前 4 位科目代码，根据 km 表可得 k1 表。

附表 C2　k1 表

ccode	ccode_name
6001	主营业务收入

（3）设计一张简单的科目代码表 k2 表（附表 C3），条件为 k2 表的科目代码表等于 km 的前 6 位科目代码，根据 km 表可得 k2 表。

附表 C3　k2 表

ccode	ccode_name
6001	主营业务收入
600101	A 产品
600102	B 产品
600103	C 产品

（4）将 km 表与 k1 表和 k2 表相连，连接条件为：k1 = left（km.ccode，4）；k2 = left（km.ccode，6），连接结果如附表 C4 所示。

附表 C4　连接结果

ccode	ccode_name	ccode	ccode_name	ccode	ccode_name
6001	主营业务收入	6001	主营业务收入	6001	主营业务收入
600101	A 产品	6001	主营业务收入	600101	A 产品
600102	B 产品	6001	主营业务收入	600102	B 产品
600103	C 产品	6001	主营业务收入	600103	C 产品

（5）设置显示条件如下。

科目代码 = km.ccode，科目名称 = k1.ccode_name+

```
case
    when len（km.ccode）>4 then
        '-'+k2.ccode_name
    else
        ''
end
```

假设科目代码为"600101"，按照上述显示条件，先显示 k1.ccode_name 的内容，即先显示"主营业务收入"，由于"600101"的长度超过 4，则需要显示 k2.ccode_name 的内容，即显示"A 产品"，将显示内容综合起来，则科目名称为"主营业务收入-A 产品"。若科目代码为"6001"，由于长度没有超过 4，则只显示 k1.ccode_name 的内容。

附录 D

检索出所有确认收入
未同时提取增值税记账凭证的算法

（1）为介绍该算法，构建如下一个简单的凭证文件原始表（附表 D1）。

附表 **D1** 凭证文件原始表

iperiod	csign	ino_id	ccode	md（mc）
10	转	1	1122	5850
10	转	1	6001	5000
10	转	1	222102	850
10	转	2	1122	1170
10	转	2	6001	1170
10	付	1	1001	3000
10	付	1	1002	3000

由于"应收账款"的科目代码为"1122"，"主营业务收入"的科目代码为"6001"，"应交税费-应交增值税"的科目代码为"222102"，由构建的附表 D1 可知，附表 D1 只有一张未同时提取增值税的记账凭证，即 10 月份转字 2 号凭证。

（2）构建视图 V_6001（即 A 表），检索出所有包含"主营业务收入"的记账凭证，如附表 D2 所示。

附表 **D2** D1 表中包含主营业务收入的记账凭证

iperiod	csign	ino_id	ccode	md（mc）
10	转	1	1122	5850
10	转	1	6001	5000
10	转	1	222102	850
10	转	2	1122	1170
10	转	2	6001	1170

（3）构建视图 V_222102（即 B 表），从视图 V_6001 中检索出所有包括"应交税费-应交增值税"（科目代码为"222102"）的记录，如附表 D3 所示。

附表 D3　D2 表中所有增值税记录

Iperiod	csign	ino_id	ccode	md（mc）
10	转	1	222102	850

（4）将两表进行连接（连接方式为左连接），连接条件为"期间"相同，"凭证类型"相同，"凭证号"相同，连接结果如附表 D4 所示。

附表 D4　连接结果

iperiod	csign	ino_id	ccode	md（mc）	iperiod	csign	ino_id	ccode	md（mc）
10	转	1	1122	5850	10	转	1	222102	850
10	转	1	6001	5000	10	转	1	222102	850
10	转	1	222102	850	10	转	1	222102	850
10	转	2	1122	1170	Null	Null	Null	Null	Null
10	转	2	6001	1170	Null	Null	Null	Null	Null

注：斜体为 B 表内容。

（5）设置筛选条件：B 表（即视图 V_222102）字段为空，则筛选结果如附表 D5 所示。

附表 D5　筛选结果

iperiod	csign	ino_id	ccode	md（mc）	iperiod	csign	ino_id	ccode	md（mc）
10	转	2	1122	1170	Null	Null	Null	Null	Null
10	转	2	6001	1170	Null	Null	Null	Null	Null

（6）设置显示条件：只显示 A 表内容，显示结果如附表 D6 所示。

附表 D6　显示结果

iperiod	csign	ino_id	ccode	md（mc）
10	转	2	1122	1170
10	转	2	6001	1170

至此，未同时提取增值税的记账凭证被检索出来。